JN042544

大谷 弘
Ohtani Hiroshi

道徳的に考えるとはどういうことか

ちくま新書

1753

道徳的に考えるとはどういうことか【目次】

はじめに

†道徳的観点

スポーツカーについて考えてみよう。と言っても、私はスポーツカーに詳しくないので、最近古い自動車に夢中の小学生の長男に「何かスポーツカーを教えてよ」と訊いてみる。長男は「アルピーヌＡ１１０」と答える。私はインターネットで検索し、中古車屋さんのウェブサイトで一九六七年式のアルピーヌＡ１１０が売られているのを見つける。フランス製の名車、ということらしい。私の第一の感想は、「これは高そうだな」というものである。価格は「応相談」と書かれている。どうも一千万円をきることはなさそうだ。

長男がのぞき込んできて、「すごいでしょ。この丸みを帯びた形がエレガントで美しいんだよ」とうれしそうに語りだす。そして、「買いなよ。俺も乗りたい」と言う。

もちろん、私は買わない。高価すぎてちょっと手が出ない。それにたとえお金があったとしても、二人乗りなので家族で出かけることもできない。「そのうえ」と私は考える。「このような燃費の悪い車に乗ることは環境に悪い。環境破壊に積極的に加担することは、間違っているのではないだろうか。それは将来の世代に害を加える不正な行為ではないだろうか」。

さて、このように我々は様々な観点から物事を考える。一台のスポーツカーについて、我々はそれが高価だとか、維持費がかかりそうだとかといった金銭的観点から考え、それが美しくエレガントだと美的観点から考え、それを購入するのは不合理だと分別の観点から考え、そして、環境破壊をもたらすのでその車を乗り回すのは不正かもしれないと道徳的観点から考える。

最後に言及した道徳的観点とはどのような観点だろうか。これを厳密に定義するのは難しい。道徳的観点と非道徳的観点を厳密に区別するような仕方で「道徳的」という語の定義を述べるのは困難であるし、そもそものような定義が存在するかどうかも疑わしい。しかし、厳密な定義を述べることができなくとも「道徳的観点」という用語を使うことはできる。ここでは私がその用語で何を考えているのかをいくつかの例を出しつつ大雑把に説明しておくことにしたい。

一つには道徳的観点とは、「善悪」「正義」「平等」、あるいは「残酷さ」や「勇敢さ」といった概念を用いる観点である。例えば、私が小学校の先生だとしよう。私が担任をしているクラスでいじめがあり、私はいじめていた子を呼び、話をする。私は「いじめをしているとみんなに嫌われて結局損をするよ」とその子を諭すかもしれない。このとき、私は道徳的観点ではなく、分別の観点から考え、語っている。それはいじめが自分にとって損か得かという意味での合理性について考える観点である。しかし、もし私が「いじめはいじめられている子を深く傷つけるから、悪いことだよ！」と言うならば、私はいじめを「道徳的な悪」として特徴づけており、道徳的観点からその子を叱っている。他にも、「本当の意味で男女が平等な社会とはどのような社会だろうか」「環境破壊は将来の世代に害を加えることであり正義に反する」と考えるとき、あるいは、強盗殺人犯を「残酷だ」と非難し、内部告発によりハラスメントを告発した人を「勇敢だ」と称賛するとき、我々は道徳的観点に立っている。

このように我々は「善悪」「平等」「正義」「残酷さ」「勇敢さ」などの概念を用いて道徳的観点から思考する。しかし、道徳的観点はこれらの典型的に道徳的、倫理的意味合いを帯びた概念のみによって構成されているわけではない。我々はより日常的な概念を使用しつつ、道徳的観点に立つこともある。

　例えば、漫画などでよくある父と子の葛藤の場面を考えてみよう。父親と息子は長年対立している。息子は「あんなやつ父親じゃない」と言い、決して父親を「お父さん」と呼ばない。しかし、様々な出来事を経て二人はお互いを理解するようになる。そして、息子は最後に――たぶん父親の死の場面で――ついに「お父さん」と言う。この「お父さん」という言葉には、一種の道徳的な赦《ゆる》しが表現されている。もちろん、「お父さん」という語は常に道徳的観点から用いられるわけではない。私の息子が「お父さん、今日の晩ごはん何？」と私に訊くとき、特に道徳的観点から何かが言われているわけではない。しかし、特別な赦しが問題となるような場面では、その「お父さん」という言葉は道徳的観点から発せられている。

　以上の例示により、私が「道徳的観点」ということで何を考えているかは、おおよそ理解してもらえただろうと思う。それは金銭的観点、美的観点、分別の観点などなどから区別され、人として、社会として、根本的に重要なことに関わる観点である。

†道徳的思考と価値観

この本において私はこの道徳的観点から物事を考えるとはどういうことなのかを探求する。すなわち、私は「道徳的思考」とは何かを解明することを目指す。私のアプローチはパッチワーク的なものであり、道徳的思考の本質を取り出し理論的に解説することを目指すものではない。そうではなく、それは道徳的思考が現れている現場をよく見ることで、その様々な側面を提示していこうとするものである。

細かい議論は次章以降で行うとして、ここでは導入として少しゆるやかに道徳的思考に対するイメージについて語っておこう。道徳的思考に対してしばしば持たれているイメージは、それが価値観の押しつけに帰着するというものである。そのイメージによると、人はそれぞれ自分の価値観を持っているが、それらの価値観の間で優劣をつけることはできず、したがって、そのような価値観が道徳的観点から――例えば「正義」として――主張されると、それは価値観の押しつけとなる。例えば、「脳死臓器移植は許されるのか」とか「死刑制度を存続すべきか、廃止すべきか」とかといった意見の分かれる道徳的、倫理的問題について議論をするとき、それぞれの立場の論者は、結局のところ自分の価値観を押しつけようとしているに過ぎない。このようなものとして道徳的思考はイメージされることがある。

私自身はこのようなイメージを受け入れない。確かに道徳的思考は価値観に関わるが、しかし、様々な価値観の間に優劣がないとは言えない。私の考えでは、価値観の中にはより正しい、もしくは、よりよい価値観があり、何が正しいことなのか、何がよりよいことなのかを考察し、探求することは意味をなす。

この点について深く論じることはこの本の主題ではないので、ここでは簡単な指摘を一つしておくことで満足しよう。私が指摘したいのは、多くの場合において、道徳的思考が価値観の押しつけに過ぎないとは我々は考えない、ということである。確かに脳死臓器移植の是非や死刑存廃論といったちょっと自分から縁遠い話題については、価値観は人それぞれだと言ってすませたくなるところがある。実際、私の経験でも、授業でこれらの話題を扱うと、多くの学生がそれは価値観の問題で決着をつけられない、というような意見を述べる。しかし、例えば自分の知人にひどい嘘をつかれたとか、自分の親しい人がハラスメントを受けたとかというようなときに、「まあ、価値観は人それぞれでそういうのを悪いと言う人もいれば、それほど問題にしない人もいるよね」とさばけた態度をとるだろうか。そのような場合、我々は「それは間違っている！」と留保をつけることなく判断し、憤るのではないだろうか。もちろん、我々がどういう態度をとるかということと、実際にそのようなケースで「正しい／間違い」の区別があるかどうかということとは別のことである。しかし、さしあたり、道徳的思考を価値観の押しつけとしてイメージする必然性はなく、この本において私自身はそのようなイメージを受け入れないということを確認することで満足し、この点についてはこれ以上踏み込まないことにしよう。

†道徳と規則

別の関連するイメージもある。以前にテレビのニュースを見ていたときのことである。セクハラに関するニュースをやっていて、町の人の意見を聞くという映像が流れていた。その中で、会社員風の男性が、「昔とルールが変わってしまって難しくなりましたね。何が正しいルールか教えてほしいです」というようなことを述べていた。

ここにあるのは、道徳的思考とは社会が恣意的に決めた規則を適用することだ、というイメージである。そのイメージによると、道徳とは規則の問題である。そして、規則自体には何か絶対的根拠のようなものはないが、社会は何らかの規則を決まり事として採用し、流通させている。したがって、道徳的に考えるとは、結局のところ、そのような規則を適用することに存する。このように考えられているのである。

私はこのイメージも採らない。もう何年も前のことなので具体的に何のニュースだったのか思い出すことはできないが――残念ながら、セクハラはしばしばニュースになる――そのニュースを見ながら、私はこれは非常に非道徳的なイメージだと思った記憶がある。ニュースでコメントをしていた男性は、道徳を恣意的に採用された規則の問題としてイメージしている。そのため、セクハラに関する社会の変化も、問題認識の深まりではなく、規則の変化として捉えられることになる。そのうえで、セクハラに関しては規則が明確になっていないと戸惑いを表明しているわけである。

このようなイメージにおいて抜け落ちているのは、他者の苦しみに対する感受性である。セクハラという概念が流通する以前から、女性であるという理由で多くの女性が性的なハラスメントに苦しめられていたということ。そして、現在でもそのようなハラスメントによる苦しみが存在しているということ。私のイメージではそのような苦しみを理解しようと努めることは道徳的であることの重要な一部であるが、先の男性の発言からはその点がまったく抜け落ちてしまっている。もちろん、通りすがりの人の発言を拾った映像であり、その男性の熟慮のうえでの見解を報じているわけではないだろう。しかし、道徳を規則の問題としてイメージし、「とにかく正しい規則を教えてくれたらそれに従うのに」と考えることは、他者の苦しみや観点を理解しようと努めることという道徳的思考の重要な部分を取りこぼしてしまっているように思われるのである。

†ごちゃごちゃした活動としての道徳的思考

私が提示したいイメージは、道徳的思考を価値観の押しつけや規則の適用といったシンプルな活動ではなく、多様な要素を含む、もっとごちゃごちゃした活動として捉えるものである。すなわち、私のイメージでは、道徳的思考とは他者の苦しみや観点を理解しようと努め、不正に憤るとともに、想像力を用いた考察により自他の物の見方を問い直していく活動である。それは理性、感情、想像力といった自己の能力を総動員する活動なのだ。

以下の諸章ではこのイメージに中身を与えるために、様々なテキストに現れる道徳的思考を吟味し、その多様な側面にフォーカスを当てていく。第1章と第2章では、「なぜ法律に従うべきなのか」という問いをめぐる道徳的思考を見る。とりわけ第2章では哲学史上の古典であるプラトンの『クリトン』を扱い、そこで展開される道徳的思考が想像力を本質的に用いるものであると論じる。そして、第3章では後期ウィトゲンシュタインの言語哲学に依拠しつつ、思考における想像力の役割についてさらに掘り下げて考察する。続く第4章では日本の哲学者一ノ瀬正樹の動物倫理論に注目し、古典のみならず現代の哲学者のテキストにも想像力に訴える道徳的思考を見いだすことができると論じる。

このように第1章から第4章までが想像力を主題にしているのに対し、第5章では感情の役割について論じる。感情は理性を妨げるものとしてイメージされ、道徳的思考においては可能な限り排除されるべきものとされることも多いが、第5章ではマーサ・ヌスバウムの議論に依拠しつつ、感情が道徳的思考の重要な要素でありうると論じる。

それに続けて、第6章では道徳的思考のスタイルの問題を取り上げる。主流の（分析）哲学者の間では、道徳的思考は理想的には学術的な論文調のスタイルで表現されるべきだということが前提にされてきた。しかし、道徳的思考が想像力や感情のような多様な要素を含むとすれば、それを表現するスタイルがどのようなものであるべきか、ということが問題となる。というのも、そのような多様な側面を持つ思考を表現するのに学術的なスタイルがもっともすぐれているということは自明ではないからである。第6章においてはこのスタイルの問題を扱い、道徳的思考が文学やポピュラー音楽のような様々なスタイルを取り込むことで、より豊かなものとなりうる、と論じる。

第1章

当たり前を問い直す

――なぜ法律に従うべきなのか

†高速道路料金不払い運動

かつて高速道路料金の不払い運動というものがあった。高速道路の料金所で「無料通行宣言書」という文書を提示し料金を払わずに通過するという活動である。

この運動を率いていたのは和合秀典《わごうひでのり》（一九四一―）という人物で、和合は一九八七年に高速道路料金の値上げ分を払わないという活動を始める。首都高の料金が六〇〇円（当時）のところを、五〇〇円のみの支払いで通過するのである。その後、「フリーウェイクラブ」という団体を立ち上げ、二〇〇一年からは完全な不払い運動を開始し、料金をまったく支払わないという活動を行っていた。

本来支払うべき料金を支払わない和合の活動は一見きわめて自分勝手な活動のようにも見える。しかし、和合自身はそう考えない。彼によると、それは高速道路の無料化を目指した正当な活動なのである。

高速道路の無料化は、今では主要な政治的イシューではなくなってしまったが、かつては重要な争点として盛んに議論されていた。例えば、鳩山内閣が誕生した二〇〇九年の第四五回衆議院議員総選挙で民主党はマニフェストに高速道路の原則無料化を掲げている。和合の活動もしばしばマスコミで取り上げられるなど、当時はそれなりの注目を集めていたのである。

ここでは和合の「高速道路通行料は払いません。」という二〇〇六年の文章からその主張を取り出してみることにする（和合 二〇〇六）。和合の文章は必ずしも明瞭ではないのだが、私の見るところ、四点の主張を取り出すことができる。

まず第一は、道路は原則無料であるべきだという主張である。道路は公共的なものであり、道路を通るたびに通行料を取られるというあり方は望ましくないというのである。

第二の主張は、高速道路の有料化が継続しているのは約束違反だというものである。高速道路の有料化は第二次大戦後の復興のための限定的な措置であり、三〇年後の無料開放が約束されていた。したがって、その期間が過ぎた後も無料とならないのは約束違反であり、詐欺のようなものだ。このように和合は主張する。

この和合の二つ目の主張は少し説明が必要だろう。高速道路の有料化は、一九五六年に成立した道路整備特別措置法という法律に基づいているが、当初は三〇年で償還し、随時無料開放するという方針であった。しかし、その後、料金プール制という制度が導入され、すべての高速道路の償還が終了するまで無料開放が実現しないという形になっている。和合はこれを「約束違反」であり、詐欺だと考えているのである。

第三の主張は、高速道路の無料化は可能だというものである。和合によると、ガソリン税などによる「道路特定財源」という道路の建設、維持のための財源に余剰金が発生しており、これを利用すれば高速道路の償還を完了し、無料化が可能となるというのである(なおこれは二〇〇六年当時の議論で、道路特定財源は二〇〇九年に廃止され一般財源化されている)。

そして最後の第四の主張は、高速道路料金をめぐる法律は破綻しており、そのような法律を守る義務はない、というものである。ここは和合の言葉で確認しておこう。

以上のようにさまざまな側面から検討しても、45年間、先送りに延ばし延ばしたこの法律は、すでに破綻しているのです。これが、私たち国民が義務として守らなければならない法律なのでしょうか?

彼らは法律、法律、法律は守れと連呼しています。

しかし、よく考えてください。日本国民の義務として守らなければならない法律とは、もっと崇高なものです。

　このまったく馬鹿らしい道路民営化を私たちフリーウエイクラブは法律として認めることはできません。（和合 二〇〇六、二八頁）

「道路民営化」と言われているが、これは小泉内閣による道路公団の民営化（二〇〇五年）への反対という文脈の中で和合が議論しているからであり、そのポイントは高速道路料金に関する種々の法律への批判であると考えてよい。和合によると、法律には正しい法律と間違った法律――和合自身の言い方だと「崇高な」法律とそうでない法律――があり、間違った法律に従う義務はないのである。

†和合の主張への批判

　さて、以上のような和合の主張をどのように評価すべきだろうか。私が大学の授業などで学生にこの話をすると、大半の学生が和合の主張や活動に批判的な考えを示す（ただし、和合を支持する学生も存在する）。

　実際にも和合の主張は大きな支持を獲得することはなかった。和合は「新党フリーウェイクラブ」を結成し、二〇〇七年の第二一回参議院議員選挙に東京選挙区から立候補したが、三四二〇票の最下位で落選している（ちなみに一つ上の順位は、又吉イエスこと、マタヨシ光雄で、五二八九票）。

授業でよく学生から出てくる和合への反論をいくつか紹介しておこう。一つは、高速道路料金の制度は有用であり正当だというものである。例えば、それにより高速道路の渋滞を抑えられるといったメリットがあり、決して破綻した制度、法律などではないというのである。

この反論については、私は特にコメントする立場にない。そこで問題となっているのは一種の政策論であり、実際にどのような法律や制度が有効に機能するのかは、政治学者や経済学者に問いかけるほかないだろう。

そこでこの反論は脇に置いておき、別の反論を紹介しよう。二つ目の反論は、不満があったとしても法律は守るべきだ、というものである。「正しい法律／間違った法律」と一人一人の個人が勝手に判断していては、そもそも法律というものが成り立たなくなってしまう。したがって、たとえ間違った法律だと思われたとしても、法律である以上それは守らなければならない。このように論じられる。

さらに三つ目の反論は、高速道路料金に関する法律が気に入らないなら、民主主義的なプロセスの中でその法律を変えるよう努力すべきだ、というものである。独裁国家ならともかく、日本のような民主主義の国においては、選挙で選ばれた議員が議会において法律を決めるというプロセスがあり、そのプロセスに関与していくことで法律を変えることを目指すべきである。そして、――和合の新党フリーウェイクラブのように――それがうまくいかないなら、その結果は受け入れるべきだ、というのである。

†キング牧師の公民権運動

以上のような和合への反論を吟味する前に、別の事例を検討してみよう。ここで取り上げるのは、キング牧師による公民権運動である。高校の世界史の教科書などにも出てくるので、みなある程度の知識は持っていると思うが、簡単にその経緯を説明しておこう（寺島 二〇〇四、第三章参照）。

一九五〇年代のアメリカ、特にその南部においては黒人（アフリカ系アメリカ人）への激しい差別が行われていた。州の法律などにより隔離政策が実施され、学校、レストラン、公園、あるいは「ランチ・カウンター」と呼ばれる百貨店などにある飲食店といった様々

写真1　ローザ・パークス。左奥がマーティン・ルーサー・キング・ジュニア。

な場所で黒人は立ち入りを制限されていたのである。

そんな中、一九五五年一二月アメリカ南部のアラバマ州モンゴメリーで黒人による抗議活動が発生する。直接のきっかけは、ローザ・パークス（一九一三―二〇〇五）という黒人女性がバスの中で白人に席を譲るようにという運転手の指示を拒否したために逮捕されたという事件である。

この事件に抗議してモンゴメリーでは黒人たちによるバスのボイコット運動が発生する。バス利用者の多くを占める黒人がバスをボイコットすることでバス会社の経営に打撃を与え、差別的な隔離政策の見直しを迫ることを目指した運動であった。

マーティン・ルーサー・キング・ジュニア（一九二九―一九六八）、すなわちキング牧師は当時二六歳であったが、この運動のリーダーとなる。キングはその卓越したリーダーシップと強い信念によりこのモンゴメリーの運動を成功させると、その後も「非暴力直接行動」の公民権運動を指導し、一九六四年の公民権法制定に代表される大きな成果を上げた。「私には夢がある」で始まる有名な演説を行った一九六三年のワシントン大行進では二〇万人以上の人々が黒人差別の撤廃を訴えて行進を行っている。

†キング牧師の主張

キングの主張を見てみよう。キングは黒人解放を目指す運動が非暴力の直接行動であるべきだと言う。「非暴力」とは文字通り暴力を用いないということである。デモなどの活動に対し、暴力的な妨害がなされたとしても黒人の側はあくまで非暴力を貫くべきだとされたのである。実際、大規模な抗議活動で知られるアラバマ州バーミングハムでの抗議活動においては、デモ隊に対し警察犬がけしかけられ、至近距離から高圧消火ホースで放水され、またキングの弟の家が爆破されるなど、公式にも非公式にも暴力的な妨害が加えられたが、それでもキングは非暴力を訴え続けたのである。

「直接行動」とは、ボイコットやデモ行進、ランチ・カウンターへの座り込みなどの直接的な抗議活動のことである。このような直接行動はしばしば法律や裁判所の命令に違反しており、違法行為となりうる。しかし、キングは裁判や選挙といった合法的プロセスのみではなく、直接行動に訴えることが必要だと考える。

その理由は、それが話し合いへの扉を開くからだというものである（King 2000, pp. 89–91, 邦訳九六―九八頁）。直接行動なしには地域社会は話し合いに応じることはなく、黒人はただただいつまでも待たされることになる。「非暴力直接行動のねらいは、話し合いを絶えず拒んできた地域社会に、どうでも争点と対決せざるをえないような危機感と緊張をつくりだそうとするもの」（King 2000, p. 89, 邦訳九六頁）だとキングは言う。

自身の活動がときに非合法となることもその活動の正当性を否定するものとはならないとキングは考える。キングの『黒人はなぜ待てないか』という著作の中にある「バーミングハムの獄中から答える」という文章は、バーミングハムでの抗議活動中に逮捕されたキングが獄中で執筆したものであるが、その中でキングはこの問題を論じている。


あなたがたは、われわれが進んで法を破ろうとしていることに、非常な心配を表明されています。それは確かに、もっともな懸念でありましょう。われわれは、公立学校での隔離を違法とした、一九五四年の最高裁判決にしたがうよう真面目にみなに説いているのですから、われわれが意識的に法を破ろうとしていることは、一見、矛盾しているようにとられるかもしれません。「どうしてある法律を破って、他の法律をまもるなどと主張できるのか」と、きかれるのももっともです。その答は、二種類の法、つまり、正しい法と不正な法とがあるという事実に求められます。わたしはまず、正しい法にしたがうよう唱導することにやぶさかではありません。ひとは正しい法にしたがうべき法律上の責務があるだけでなく、道義上の責任もあります。裏返しにいえば、不正な法にはしたがわない道義的な責任があるのです。わたしは、「正義にもとる法はいやしくも法にあらず」とする聖アウグスチヌスの見解に賛成なのです。
(King 2000, p. 93, 邦訳九九―一〇〇頁)

この「バーミングハムの獄中から答える」という文章は、キングの運動を批判した白人牧師たちの声明文への反論として書かれたものである。この箇所でキングは法を破ることへの懸念を表明した牧師たちに答えて、法律には「正しい法律/不正な法律(just laws / unjust laws)」の区別があり、人種差別を強いるような不正な法律に従わないことは正当であると論じている。

キングはあらゆる法律を否定するわけでもなければ、法律への軽蔑を示すわけでもない。

同じ「バーミングハムの獄中から答える」の中でキングは次のように言う。

……わたしは、決して法の網目をくぐったり侮ったりすることを唱導するものではないのです。そういう行為は無政府状態を招くでありましょう。不正な法を破る者は、あけすけに、愛情をこめて、喜んで刑罰を受ける気持でそうしなければなりません。良心が不正なものだと教えてくれる法に違反し、地域社会の良心がその不正に覚醒するように進んで拘留の刑罰を受ける者は、実際には、法にたいしてもっとも尊敬の念を表明している者だとわたしは考えます。(King 2000, pp. 95-96, 邦訳一〇二頁)

キングによると、黒人たちの運動は法律違反だとしても、それは不正な法律を破ることで地域社会に正義をもたらそうとしている点で、法律への尊敬を示すものなのである。

†なぜ法律に従うべきなのか

私が学生にキングの活動や主張を紹介しそれが正当かと尋ねると、ほぼすべての学生が正当だと答える。そして実際にも、キングの公民権運動は重要な意義深い運動として評価されている。もちろん、それによりアメリカにおける人種差別の問題がすべて解決したわけではない。黒人男性への警官の暴行をきっかけとして起こったロサンゼルス暴動（一九九二年）、拘束中に首を強く押さえつけて警官が黒人男性を死亡させたジョージ・フロイド事件（二〇二〇年）、そしてそれをきっかけに全米的な運動へと拡大したブラック・ライブズ・マター運動などは人種差別問題がアメリカが直面し続けている課題だということを示している。しかし、キングの率いた公民権運動が、一九六四年の公民権法の制定をはじめとする大きな成果をもたらしたということはほとんどの人が否定しないであろう。

ここでキングと先に見た和合の活動や主張を比較してみよう。少なくとも表面的には両者には共通点がある。まずどちらも非暴力の活動である。キングが非暴力の活動を訴えたことは先に見た通りである。そして和合の活動もまた非暴力である。和合も料金所を襲撃したりするわけではなく、ただ「無料通行宣言書」という文章を示して料金所を通過するのみなのである。

またどちらの活動も直接行動である。キングの活動はボイコットやデモ行進、座り込みなどの直接行動をその核としている。そして和合もまた料金の不払いという直接行動を行っている。

最後に両者とも「正しい法律／間違った法律」を区別し、間違った法律に従わないことは正当だと主張している。すなわち、キングの言い方では「正しい法律」、和合の言い方では「崇高な法律」にのみ我々は従う義務があり、「不正な法律」「崇高ではない法律」に従わないのはむしろ正当だと両者は主張するのである。

このようにキングと和合の活動や主張は少なくとも見た目のうえでは類似している。しかし、我々の両者への評価は大きく異なる。我々のほとんどはキングを高く評価する一方で、和合を支持しない。

先に和合への批判として「法律は守るべきだ」という批判と「民主主義的なプロセスの中で法律を変えるよう努力すべきだ」という批判を紹介した。しかし、キングの主張との比較を経た今となっては、この二つの批判では十分ではないと思われてくるはずである。すなわち、単に「法律は守るべきだ」とか「民主主義的なプロセスの中で法律を変えるよう努力すべきだ」とかと和合を批判するとしたら、その同じ批判がキングにも当てはまってしまうように思われるのである。

ポイントは、ここにはさらに掘り下げて考えるべき道徳的問題がある、ということである。なぜ和合の非暴力直接行動は否定され、キングのそれは肯定されるのか。なぜ「正しい法律／間違った法律」についての判断に基づく和合の活動は不当であり、キングの活動は正当なのか。もしも和合を支持しない一方でキングを評価するのであれば、この点をさらに深く考える必要がある。つまり、ここには「なぜ法律に従うべきなのか」という問いが存在するのである。

†当たり前

ここでちょっと立ち止まって、「道徳的思考」ということで何を考えているのかを説明しておこう。もちろん、詳細はこの本全体を通して論じていくわけであるが、ここでは基本的なアイディアを見ておくこととしたい。

さて、我々は日々、「当たり前」に従って生きている。例えば、私がバスに乗ったとしよう。私は座席が一つだけ空いているのを見つける。「やれやれ助かった」と思いながら、私はその席に腰を下ろす。このとき、私はそこに見えている通りに座席が存在していると いうことを「当たり前」としている。すなわち、自分の視覚が信頼できるということを私は当たり前のこととして受け入れている。

私はそのことを意識すらしない。私は「目の前に座席の視覚的イメージが生じている」

「自分の視覚はおおむね信頼できる」「したがって、見えている通りに座席が存在しているはずだ」と意識的に考えてから座席に腰を下ろすわけではない。私は空いている座席を見ると、ほとんど自動的にそこに座るのである。

次の停留所でおばあさんが乗車してくる。私はサッと立ち上がり、「どうぞ」と声をかけ席を譲る。このとき私はおばあさんに席を譲るのは善いことだということを当たり前としている。この場合も、私はそのことを意識的に考えるわけではない。「おばあさんが乗ってきた」「おばあさんに席を譲るのは道徳的に善いことだ」「したがって、席を譲るべきだ」と意識的に考えてから行動するわけではなく、私はとっさに席を立つのである。

このように我々は様々なことを「当たり前」としている。視覚の信頼性や道徳的善悪の区別などをいちいち意識せずに、我々はほとんど自動的に行動している。そしてそのことは必ずしも問題なわけではない。我々はあらゆる「当たり前」を放棄して生きていくことなどできない。目の前に見えている座席が本当に存在しているかどうかを疑い恐る恐る腰を下ろす人やおばあさんに席を譲ることが善いことかどうかまったくわからないという人は、社会生活をスムーズにおくるのが難しくなってしまうだろう。

†「当たり前」が通用しないとき

しかし、それではうまくいかないこともある。当たり前に無批判に従っていては問題に対処できず、つまずいてしまうような状況に我々は出会うことがある。

キングのケースはまさにそのような状況を提示するものである。「法律は守るべきだ」ということは、普通の状況であれば当たり前である。例えば、我々は法律に反して談合をしていた企業を非難するとき、いちいち「法律は守るべきだ」「談合は法律違反だ」「したがって、談合は正しくない」と意識的に考えるわけではない。あるいは、和合の活動に対しても、──多くの学生がそうであるように──「法律は守るべきだ」「そんなの当たり前だ」と言えば、それで決着がつくと考える。しかし、キングの活動について知ると、ここでは「当たり前だ」と言うだけでは問題が解決しないということに気づかされるのである。

もちろん、我々はそのような状況を無視して問題など生じていないかのように振る舞うこともできる。キングの活動に懸念を示した白人牧師たちのように、我々は──とりわけ自分がマジョリティに属するような問題については（ケイン・上原 二〇一九、一三五頁参照）——自分たちが当たり前としていた判断がもはやそのままでは機能しないことを見ないようにしてしまいがちである。

しかし、例えばキングの活動について知り、アメリカの黒人たちの置かれている状況について知ったなら、誠実であろうとする限り、「法律は守るべきだ」「そんなの当たり前だ」と言ってすますことはできなくなる。実際、キングの非暴力直接行動は、人々の当たり前を揺さぶり、取り組むべき問題の存在を示すものであったのである。

そして問題の存在に気がついたなら、我々にはよく考えることが求められる。すなわち、立ち止まって、その問題について道徳的観点から熟慮することが必要となるのである。

以上を踏まえて、用語を整理しておこう。この本において、私は「道徳的思考」という語をおばあさんに席を譲るときのようなとっさの判断から、キング牧師の活動がなぜ正当だと言えるのかを「よく考える」ときのような熟慮まで、幅広いタイプの思考を指す用語として用いることとする。すなわち、道徳的観点からなされる思考であれば、直観的判断から熟慮まですべて「道徳的思考」と呼ぶこととする。

†道徳的思考と論証の吟味

話を戻そう。いま問題となっているのは「熟慮」のほうである。「道徳的観点から熟慮することと」とは何をすることだろうか。それは、一つには、自分たちの判断や行為を正当化する論理、理屈をチェックすることである。すなわち、それは我々の判断や行為の理由づけの整合性を点検し、その妥当性を吟味することである。この「判断や行為の理由づけ」を「論証」と呼ぶとすると、道徳的思考の一つの要素は、論証の吟味に存する、と言うことができる。

例えば、次の論証を見てみよう。

(A)

(i)法律違反は正しくない。

(ii)和合／キングの活動は法律違反である。

ゆえに、(iii)和合／キングの活動は正しくない。

この論証(A)は和合には当てはまるように見えるとしても、キングには当てはまらないと思われる。したがって、整合的であろうとする限りは、この論証をそのまま受け入れるわけにはいかない。そこで、論証（A）を修正して、例えば次のような形の論証を考えることができる。

（B）
(i)特別な理由がなければ、法律違反は正しくない。
(ii)和合／キングの活動は法律違反である。
ゆえに、(iii)和合／キングの活動は正しくない。

この論証（B）の(i)にある「特別な理由がなければ」という但し書きは、「ケテリス・パリブス条項（ceteris paribus clause）」と呼ばれるもので、「法律違反は正しくない」という原理の適用を部分的に制限するものである。

この但し書きがついていることで、論証（B）は和合には当てはまるがキングには当てはまらない、と考える余地が出てくる。というのも、和合の活動に関しては「法律違反は正しくない」という原理を制限する特別な理由が存在しないが、キングの活動にはそれが存在すると論じることもできるからである。

例えば、和合の活動は基本的人権や人間の尊厳といった重大なことがらに関わっていないのに対して、キングの活動は人種差別というまさにそのようなことがらが問題となるケースであり、キングの活動については法律違反が正当化される特別な理由があると論じることができるであろう。もちろん、高速道路料金の問題も社会のインフラに関わる大きな資金を誰がどのように負担したり、使用したりすべきなのかという「分配」の問題に関わる。すなわち、有料の高速道路という制度が誰か一部の人たちが不当に得をする制度になっていないかという社会正義の問題にそれは関わっている。しかしそうだとしても、人種差別という基本的人権をないがしろにし、人間の尊厳を踏みにじる問題とはやはり違いがあると考えることができるであろう。

†道徳的想像力

このように我々の判断や行為の理由づけの整合性を体系的にチェックし掘り下げていくことは、道徳的思考の一つの重要な要素である。実際、現代の倫理学においてもこの側面が強調されることが多い（例えば、児玉 二〇二〇）。

しかし、私としては道徳的思考の内実はそのような理由の整合性のチェックに尽きるものではないと考えている。私の考えでは、重要なのはそれに加えて道徳的想像力を働かせることである。

後でより詳しく論じるが、道徳的想像力とは、大雑把に言うと、道徳的観念が働く脈絡を思い描く力である。例えば、キングの法律への尊敬に関するコメントを思い出してほしい。もしも何の脈絡もないところで「法律違反が法律への尊敬を表す行為だ」と言われたとしても、その発言は意味不明であろう。「法律を尊敬するとは法律を守ることであり、その発言は端的に矛盾している」と思われるはずである。

しかし、我々はキングの活動について知ることで、法律違反が法律への尊敬の念を示す行為でありうるような脈絡を思い描くことができるようになる。「法律への尊敬」のような観念が働く状況を想像することは、道徳的思考の一つの重要な要素なのである。次章では哲学史上の古典を取り上げて、さらに詳しくこの点を考えてみることにしよう。

第2章

想像力を働かす

――プラトンの『クリトン』を読む

†ソクラテスと不知の自覚

この章で見るのは、ソクラテス（前四六九―前三九九）のケースである。ソクラテスは紀元前四世紀の古代ギリシアの都市国家アテナイ（アテネ）に生きた哲学者である。アテナイは古代において民主主義的な制度を発展させたことで知られており、高校の世界史で「ドラコンが成文法」「ソロンの改革で債務奴隷の禁止」などと暗記したという覚えのある人も多いだろう。

そのアテナイにおいてソクラテスは様々な人々と哲学的対話を交わしながら暮らしていた。ソクラテスを慕う若者のグループも形成され、大哲学者プラトン（前四二九ごろ―前三四七）もその一人である。ソクラテスが哲学的対話を始めたきっかけはプラトンの『ソクラテスの弁明』という著作の中で次のように語られている（『弁明』20e―22e）。

あるときカイレポンというソクラテスの友人がデルポイという地にあるアポロン神の神殿に行き、「ソクラテスより知恵のある者がいるか」と神に尋ねたところ、「ソクラテスより知恵のある者はいない」という神託が下ったというのである。

普通の人ならここでただ誇らしく思うだけであろうが、ソクラテスはこの神託に困惑する。というのも、ソクラテスは自分が知者ではないということをよく自覚していたからである。自分は明らかに知者ではない。しかし、神託は自分以上の知者は存在しないと言っている。これはどういうことだろうか、とソクラテスは当惑したのである。

そこでソクラテスは、哲学的対話を開始する。すなわち、ソクラテスは知者だと思われている人々のところを訪れ、自分より知恵がある人を見つけることで神託を反駁《はんばく》しようと試みる。そして、そのような試みの中で神託の意味を見いだそうとしたのである。

ソクラテスは政治家、作家、職人たちのもとを訪れ、彼らと哲学的対話を交わす。そこからわかってきたのは、そのような人たちは世間から知恵があると思われており、また自身を知者だと考えているが、実は大事なこと、価値あることについては何も知らないということである。

これが「無知の知」あるいはより正確には「不知の自覚」として知られるエピソードである（納富 二〇〇三参照）。そのポイントは、世間で知者とされている人々は自分が知識を持たないことに気づかず、自身を知者だと見なしているが、ソクラテスだけは自身の無知を自覚しており、その点においてのみ知恵があるということにある。「ソクラテスより知恵のある者はいない」という神託の意味は、ソクラテスが価値あることについて知恵を持っているということではなく、自身の「不知の自覚」を持つという点でソクラテスには知恵があるということだったのである。

ソクラテスはこの経験をきっかけに、人々と哲学的対話を交わすようになる。対話においてソクラテスは対話相手を論駁し、その人が自分では何かを知っていると思っていても実は無知なのだということを明らかにしていく。ソクラテスの哲学的対話は、ソクラテスが価値あることについて知っていて、それを教えるという営みではない。そうではなく、それは何が価値あることかについて無知なので、そのことを探求する必要があると人々に気づかせるための営みである。大事なことが何であるかを知っている気になってそれを追い求めるのではなく、そもそも本当の意味で大事なことは何なのかを吟味し、探求すること。これがソクラテスの哲学的対話の目指すものなのである（『弁明』30d—31a）。

ソクラテスは自身の哲学的活動を神から与えられた使命だとする（『弁明』29d—30b、30d—31d）。アテナイの人々は財産や名声に価値があると考え、そのことばかり気にかけている。神はソクラテスをアテナイに遣わすことでそのようなアテナイの人々に自身の無知を自覚させ、真に価値あるものを探求するよう促している。このようにソクラテスは神託を受け止めるのである。

†ソクラテス裁判

ソクラテスはこのように使命感を持って哲学的対話を行っていた。しかし、その活動はソクラテスに論駁された人たちの反感を買い、ソクラテスは若者を堕落させ、国家の神々を崇めないという罪により裁判にかけられてしまう（アテナイの政治的対立が背景にあったという説もある）。

当時のアテナイの裁判は陪審制で、ソクラテスの裁判においてはくじで選ばれた五〇〇人の陪審員の投票で判決が下された。告発側、弁護側の双方が演説をした後で投票を行い、一日で有罪／無罪および刑罰を決定してしまうという形式であった（cf. Brickhouse & Smith 1989, pp. 24–26, 邦訳三〇—三一頁）。

多くの陪審員を相手にたった一日で弁明しなければならないので、アテナイの裁判においては告発された人々は陪審員の同情を買おうと、懇願の言葉を述べたり、小さな子どもを登場させたりして無罪を勝ち取ろうとした。ところが、ソクラテスはそのような手段をとらない。ソクラテスは、裁判においても哲学的吟味の精神を貫き、告発文を論駁しそれが根拠を欠く不当なものだということを明らかにしていく。

しかし、その結果は有罪であり、ソクラテスには死刑の判決が下る。それはソクラテスの考えでは不当な判決である。有罪に投票した陪審員たちは、自分たちの義務に反し真実を見極めようとしなかった。このようにソクラテスは考え、彼らを「陪審員」と呼ぶのを拒否している（『弁明』40a）。

死刑判決ののち、ソクラテスは獄中で刑の執行を待つ身となる。そのソクラテスに対し、古くからの友人であるクリトンという人物が脱獄の手配を整えたから逃げるようにと促すが、ソクラテスはこのクリトンの誘いを断り、自身が不当だと考える判決に従い、死刑となる。七〇歳であった。

†『クリトン』

プラトンはこのソクラテス裁判やその刑死に至るエピソードを、ソクラテスが主人公として現れ対話を交わす「対話篇」の形で描いている。『ソクラテスの弁明』は裁判でのソクラテスの演説を描いたものであり、『クリトン』は脱獄をめぐるクリトンとのやり取りをその舞台としている。

このプラトンの著作に描かれたソクラテスがどの程度、現実に存在したソクラテスを反映しているのかという点については様々な見解があるのだが（Osborne 2006, cf. Brickhouse & Smith 1989, pp. 2–10, 邦訳四—一五頁、納富 二〇一七）、ここでは特定の見解を採ることはせず、ただ「プラトンの著作に現れている限りでのソクラテス」を「ソクラテス」として言及することにする。したがって、この「ソクラテス」が現実の古代ギリシアを生きたソクラテスとどの程度一致しているのかという点には踏み込まない。以下ではとりわけ『クリトン』を読み解くことで、そこに現れている道徳的思考がどのようなものかを考えていこう。

『クリトン』を読むにあたっては、講談社学術文庫版の田《た》中享英《なかたかふさ》訳を用いることとする。比較的新しい訳であり読みやすく、また文庫なので手に入れやすい。プラトンの著作への言及は、慣例に従ってステファヌス版プラトン全集のページ数と行数を記している。「48b」というような形式の番号で、これは講談社学術文庫版を含むほとんどの翻訳に記載されており、簡単に言及箇所を見つけられるはずである。

まずは『クリトン』の大枠を確認しておこう。この対話篇はソクラテスの古くからの友人クリトンが、獄中のソクラテスを訪ねてくるところから始まる。通常、アテナイの刑罰は判決の出た日にただちに執行されるのだが、ソクラテスの裁判はデロス島の祭礼中に行われ、この祭礼の期間中は死刑が執行されないことになっていたため、ソクラテスは獄中で刑の執行を待つ身だったのである。

クリトンが訪れるとソクラテスは気持ちよさそうに穏やかに眠っている。クリトンはその様子に驚きながらも、デロス島の祭礼に送られた使いの船が間もなくアテナイへと戻ってくる――したがって、ソクラテスの刑が間もなく執行される――という知らせを伝える(『クリトン』43b―43d)。そして、クリトンは脱獄の手配を整えたから逃げるようにとソクラテスに言う。

これに対するソクラテスの反応は、何が正しいかを吟味してみよう、というものである。この人生の瀬戸際においてもソクラテスは哲学的吟味の精神に従って生きることを止めない。脱獄すべきか獄中にとどまり刑に服すべきか。ソクラテスは哲学的吟味の結論に従って決断を下そうとするのである。

そしてクリトンとの対話を通して得られるソクラテスの結論は、脱獄は正しくない、というものである。ソクラテスはたとえ不当な裁判の末の死刑判決だとしても、それに従うべきだと考え、クリトンの誘いを拒否し刑に服するのである。

以上が『クリトン』の大枠である。そこにおいてソクラテスもまた、和合やキングと同様に「なぜ法律に従うべきなのか」という問いに直面している。脱獄は法律違反であり、法律に従うならばソクラテスは死刑に服さなければならない。しかし、その死刑が不当な裁判の結果だとしても法律に従うべきなのだろうか。これがソクラテスの直面している問いである。

そしてこの問いにソクラテスは「法律に従うべきだ」と答える。以下ではこの答えに至るソクラテスの議論を吟味し、その道徳的思考を描写していくこととする。

†単に生きるのではなく、よく生きる

『クリトン』の冒頭、クリトンは目を覚ましたソクラテスに対して様々な考慮を引いて脱獄を促す。その一つは世間の評判である。お金を出せばソクラテスを救い出すことができたのに、クリトンはそうしなかったと世間に思われるかもしれない。友達よりもお金を大事に思う人間だと思われるのは恥だからクリトン自身の評判のことも考えて逃げてくれ。このようにクリトンは言う（『クリトン』44b—44c）。

この箇所のクリトンはなんだか自分勝手なことを言っていると思えるかもしれないが、

むしろこれはこのような言い方で説得することで、ソクラテスの負担にならないようにしようという優しさであろう。脱獄をすることで自分に迷惑はかからない、むしろ助かるのだ、と言うことでクリトンはソクラテスに脱獄を促しているのである（『クリトン』44e—45b参照）。

クリトンはまた獄中にとどまるというソクラテスの行為は正しくない、とも主張する（『クリトン』45c—46a）。ソクラテスは助かろうと思えば助かることもできるのにそれをしない点で自分を見捨てている。また、自分や家族を助けることができず敵に打ち負かされたままその負けを受け入れるのは恥であり、正しいことではない。このようにクリトンは論じる。

このようなクリトンの主張に対して、ソクラテスは何をすべきかを吟味してみようと述べる（『クリトン』46b）。ソクラテスはまず、考慮すべきは脱獄が正しいことかどうかであり世間にどう思われるかではない、ということをクリトンに納得させる。ソクラテスは「いちばん大事にしなければならないのは生きることではなくて、よく生きることだ」（『クリトン』48b）と言う。

これは「単に生きるのではなく、よく生きる」とキャッチフレーズ的にまとめられることもある有名な箇所だが、ここでの「よく生きる」は道徳的な意味での「善き生」をただちに意味するわけではない。それは「充実した生」あるいは「幸福な生」をまずは意味する。ただ、ソクラテスにおいてはこれは「魂に配慮して生きること」、つまり「人格を損なわない仕方で立派に生きること」であり、結局は「正しく生きることだ」ということになる（『クリトン』47e―48b）。

充実した人生を生きるとは、魂に配慮して生きることであり、正しく生きることだ。したがって、脱獄すべきかどうかの判断も、それが正しいことなのかどうかの判断に基づいて決定しなければならない。言い換えると、ソクラテスは道徳的観点から熟慮したうえで脱獄の是非を判断すべきだとするのである。そして、ソクラテスはこの点をクリトンに納得させると、何が正しいことなのかについての哲学的吟味を開始する。

†正義の原理と国法の登場

ソクラテスは吟味の出発点として二つの道徳原理を提示する。第一のものは「たとえ誰かに害を与えられたとしても人に害悪を加えてはならない」というものである（『クリトン』49c）。そして、第二のものは「正しい同意には従わねばならない」というものである（『クリトン』49e）。これらの原理をそれぞれ「加害原理」、「同意原理」と呼ぶことにしよう。

第二の同意原理は、要するに同意したこと、つまり約束は守らなければならないということであり、その限りではそれほど異論はないだろう。

ただし、後の議論のために少し確認しておくと、我々は日常的には「同意」や「約束」を例外を認めないほど厳格なものとして理解しているわけではない（Scanlon 1998, pp. 199–201）。例えば、私が研究者仲間の友人とランチの約束をしていたとしよう。特に用事があるわけではないのだが、久しぶりに会ってちょっと業界の情報交換でもしようか、というわけである。ところが、その約束の当日に私の親が危篤だという連絡が入る（親不孝な例ですいません）。このときにも私は約束をキャンセルせず友人とランチをすべきだ、とは誰も考えないだろう。確かに私はその日にランチをすることに「同意」していたが、日常的な意味での「同意」はいっさいのキャンセルを許容しないほど厳格な遵守を求めるものではないのである。

第一の加害原理のほうはどうだろうか。こちらには異論があるかもしれない。他人に害を加えられたら仕返しに害を加えてもよいのではないだろうか。

ソクラテスも加害原理が自明に正しいとは言えないという点には気づいていて、この原理を出発点に議論を進めてもよいかをクリトンに確認している（『クリトン』49d—49e）。そこでクリトンがその原理を受け入れていると述べるので、加害原理も前提として議論が進められることになる。

続けてソクラテスは次のように述べる。

それでは、これらのことにもとづいて考えてみてくれたまえ。もしもぼくたちが、国家を説得できないまま、ここを立ち去るとしたら、ぼくたちはだれかに対して——しかも、いちばんそうしてはならない者たちに対して——害悪を加えることになるのではないか。それとも、そうはならないだろうか。また、ぼくたちが正義《ただ》しいと同意した約束を守ることになるだろうか、ならないだろうか。（『クリトン』49e—50a）

この箇所で明らかにソクラテスは脱獄が加害原理と同意原理への違反になるのではないかとクリトンに問いかけている。これに対するクリトンの答えは次のようなものである。

そう訊かれても、ソクラテス、ぼくには答えられないよ。君が何のことを言っているのか、よく分からないのだ。(『クリトン』50a)

クリトンはソクラテスの問いかけに対して困惑を示す。クリトンには脱獄が誰かに——それも「いちばんそうしてはならない者たち」に——害を加えることであり、同意を破ることだと言われても何のことか理解できない。これはおそらく『クリトン』の読者にとっても同様で、ここまで読み進めてきた読者はクリトンと一緒に「何のことを言っているのか、よく分からない」と感じるだろう。

クリトンの困惑に対してソクラテスは擬人化された「国法」を登場させる。

ソクラテス　それでは、こう考えてみてくれたまえ。今かりに、ぼくたちがここから脱走するにせよ、あるいは他のどんな名前でそれを呼ぶにせよ、そのことをしようとしているところへ、国法が国家とともにやってきて、ぼくたちの前に立ち、こう言ったとしたらどうだろう。「ソクラテスよ、言ってくれ。いったいお前は何をしようと企《たくら》んでいるのか。お前は、お前がしようとしている仕業《しわざ》によって、私たち法と、さらに国家の全体を、お前の勝手で滅ぼそうと考えているのではないのか。それとも、お前は、国家の中でいったん正義として下された判決が少しも力をもたず、個人によって無効にされ破棄されるようになっても、なおその国家が存続し、崩壊しないでいられると思うのか」と。ぼくたちは、クリトン、この問いに対してどう答えたらよいだろうか。(『クリトン』50a―50b)

ここで国法はその判決に従わないことは国法、ひいては国家を滅ぼそうとすることであり、一種の加害だと論じる。

これに対してクリトンは、ソクラテスに対する判決は不当な判決であり、脱獄はそれが国家や国法を破壊する行為だとしても、「加害」だとは言えない、と応答する(『クリトン』50b―50c)。そして、そのクリトンの応答に対して国法は二つの論証を提示し、ソクラテスの脱獄は不正なのだと論じる。第一の論証は「尊敬論証」、第二の論証は「同意論証」と呼ばれ、国法の議論の主要部分を構成している。以降ではこの二つの論証を検討していくこととしよう。

†尊敬論証

まず国法はアテナイの婚姻、育児、教育に関する法に欠陥がない、ということをソクラテスに認めさせる。そして次のように論じる。

よろしい。ではお前は、そうして生まれ育てられ教育されたからには、お前が私たちの子であり僕《しもべ》であるということを否定することができるだろうか。それは、お前自身についても、お前の祖先たちについても言えることだ。そしてそれがもしそのとおりだとしたら、お前は、お前の正義と私たちの正義が同等であって、私たちがお前に対してしてしようとすることは何であれ、その同じことを、お前も仕返すことが正義《ただ》しいことであると思うかね。あるいは、どうかね、父親に対しては、またはお前に主人がいた場合の主人に対しては、お前は同等の正義を持っていなかったのであるから、お前がされた同じことを仕返すことは、たとえば、ひどいことを言われて言い返すことも、打たれて打ち返すことも、その他そういったさまざまのことをしてはならなかったけれども、しかし祖国と法に対しては、お前はそれをすることができると言うのだろうか。つまり、もし私たちが、お前を死なせることが正義にかなったことであると考えて、そうしようとするならば、お前のほうもその仕返しとして、私たち法と祖国を、お前にできる限りの仕方で、死に至《いた》らせようとこころみ、それでお前のその行為が正義の行為であると、お前は主張するのか。徳というものを真の意味で配慮しているはずのお前が。(『クリトン』50e—51a)

国法によると、国法と国家はソクラテスにとって親であり主人のようなものである。国法はそこから、ソクラテスの脱獄は本来払うべき尊敬の念を欠く行為であり不当だと結論づける(『クリトン』51a—51c)。親や主人に対し仕返しをすることが許されないように、ソクラテスも国法には敬意を払ってその判決を——たとえそれが不当な判決であっても——受け入れなければならないというのである。

この国法の議論は厳密に言ってどういう議論なのだろうか。標準的な——というより支配的な——解釈はここでの国法の言葉の中にソクラテスの脱獄を不当だと結論づける一般的論証を見いだそうとするものである。すなわち、そのような解釈によると、国法の言葉に現れている『クリトン』という著作の道徳的思考とは、一般的な道徳原理をソクラテスのケースに適用し、脱獄が不当だという結論を導くものである。そこにおいては、道徳的思考とは一般的原理を個別ケースに適用することに存するのである。このような標準的な解釈を「一般主義解釈」と呼ぶことにしよう。

一般主義解釈の下では、『クリトン』に提示されている道徳的思考とは、結局のところ、論証の整合性のチェックに帰着する。『クリトン』の読者の仕事は、国法の言葉の中からソクラテスの脱獄を不正だとする論証を可能な限り整合的な仕方で取り出すことだ、ということになるのである。

一般主義解釈にも様々なヴァリエーションがあるが、ここでは標準的でもっともよくできたヴァージョンを検討することにしよう(cf. Bostock 1990, p. 11, Brickhouse & Smith 2004, p. 216)。その基本的なアイディアは、国法や国家はその市民に大きな利益——誕生、養育、教育に対する法の保護——を与えており、そのため市民の尊敬に値するというものである。少し形式的に書くと以下のようになる。

(i)もしも誰かが別の誰かに対して養育などに関して親以上の利益を与えているのであれば、前者は後者の尊敬に値する。

(ii)国法はソクラテスに養育などに関して親以上の利益を与えている。
ゆえに、(iii)国法はソクラテスの尊敬に値する。

そして、脱獄によってソクラテスがこの尊敬に値する国法を破壊しようとするのであれば、それは一種の加害であり、加害原理という道徳原理に反する。したがって、ソクラテスの脱獄は不当だという結論になる。このように解釈されるのである。
(細かい点が気になる人のために一点注意しておくと、国法の与える利益が「親以上」とされているのは、国法の議論においてそのように述べられているからである(『クリトン』51a)。国法によると、国家や国法は単に大きな利益を与えているというのではなく、「親以上」の利益を与えているのである。)

†同意論証

次に同意論証に移ろう。同意論証は『クリトン』の次の箇所に見いだされる。

ソクラテス　「それではよく考えてみてくれ、ソクラテス」と、たぶん、国法は言うだろう。「私たちは、お前が今私たちに対してしようとしている行為は正義《ただ》しくないと主張するが、これが真実であるかということを。というのも、私たちはお前を生み、育て、教育し、また私たちが与えることができる限りのさまざまな良いものを、お前にも他のすべての国民たちにも分け与えてきただけではない。その上さらに、アテナイの国民のだれであれ望む者があれば、かれが成人に達して、この国で行われていることと私たち法律習慣をよく見たうえで、私たちのことが気に入らない時には、自分の財産を携えて、どこへでも望むところへ出て行く許可を与えると、私たちは明言しているのだ。（中略）しかしもしお前たちが、だれであれ、私たちの裁判のやり方やその他の政治の仕方を見た上でここにとどまるならば、その者はすでにその行為によって、私たちに対して、何であれ私たちが命ずるとおりのことをするという同意を与えたのだと、私たちは主張する。」（『クリトン』51c—51e）

ここで国法はソクラテスが自分たちの命令に従うという暗黙の同意を与えていたと主張している。国法によると、脱獄はそのような同意を破る行為であり、したがって同意原理への違反となるというのである。

同意論証についても一般主義解釈がどのような説明をするかを検討しておこう。それによると、国法とソクラテスの間にいくつかの条件が成立していることで、暗黙の同意が成立していると国法は論じている。その条件とは、(a)国法は市民に可能な限りの利益を与えている、(b)市民は自由に国を出ることができるという点で、同意を強制されていない、(c)国家は透明性の高い仕方で運営されており、市民は裁判や政治のやり方を観察することができる、(d)市民は国家に満足している、(e)市民は市民となることに応募している、というものである。

最後の「(e)市民は市民となることに応募している」という条件については少し説明が必要だろう。アテナイの制度では、市民は成人に達すると自動的に市民となるわけではなく、市民の地位に応募する必要がある。「ドキマジア」と呼ばれるこの制度によると、アテナイの男子は一七歳になると応募を行い、いくつかの審査のステップを経て初めて市民となることができる。先に示した引用部の邦訳では必ずしも明確ではないが、原文のギリシア語では明らかに「ドキマジア」のことが示唆されており、この点もまた同意の条件となっていると考えられるのである（Brickhouse & Smith 2004, pp. 217–218, Kraut 1984, pp. 154–56)。

一般主義解釈による同意論証の読み方も少し形式的に示しておこう。

(i)もし何らかの国家の法と市民のペアが上の条件(a)―(e)を満たしているならば、その市民は法に従うことに同意している。

(ii)アテナイの国法とソクラテスのペアは条件(a)―(e)を満たしている。

ゆえに、(iii)ソクラテスはアテナイの国法に従うことに同意している。

ゆえに、(iv)ソクラテスが国法に従わなければ同意原理への違反となり、不正である。

一般主義解釈は以上のように国法の言葉の中に一般的論証を読み取ろうとする。この解釈によると、国法は何らかの一般的原理をアテナイの国法とソクラテスのペアに当てはめる形で論証を行っている。それを読み取り、明示的に定式化するのが、『クリトン』の読者の仕事であり、『クリトン』における道徳的思考を理解することだとされているのである。

ちょっと注意しておくと、これは一般主義解釈が和合やキングにも直接適用可能な「市民的不服従に反対する理論」を『クリトン』から読み取っている、ということでは必ずしもない（cf. Panagiotou 1987）。同じく民主主義だと言っても、アテナイのような古代の都市国家と日本やアメリカのような現代国家の間には様々な事情の違いがある。また、そもそもソクラテスの問題は同胞市民へのアピールとしての市民的不服従という現代的なその観念とは無縁である（Kraut 1984, pp. 75-76, cf. Scheuerman 2018）。同じく「なぜ法律に従うべきなのか」という言葉で表現されるとしても、和合やキングの問題とソクラテスの問題は異なる問題であり、『クリトン』からただちに現代的問題への教訓を引き出せるとは一般主義解釈も考えていない。

あくまでポイントは、一般主義解釈においては、一般的な道徳原理をソクラテスやアテナイに当てはめることが道徳的思考だと前提とされている点にある。一方に一般的な道徳原理があり、他方にソクラテスやアテナイの国法、国家についての事実がある。そして前者を後者に適用するという形で『クリトン』では道徳的思考が展開されている。一般主義解釈の枠組みにおいては、このように考えられているのである。

†コーラ・ダイアモンドと『クリトン』

他方、一般主義解釈とは異なる形で『クリトン』の道徳的思考を取り出そうとした哲学者にコーラ・ダイアモンド（一九三七―）がいる。ダイアモンドはウィトゲンシュタイン研究や倫理学、メタ哲学などで重要な業績をあげているアメリカの哲学者であるが、「冒険を見逃すこと」という論文で『クリトン』について論じている。ダイアモンドはそこで『クリトン』の道徳的思考の核は道徳的想像力を喚起するという点にあると論じる。ダイアモンドによると、それは一般的な道徳原理の適用ではなく、想像力を用いて状況を新しい仕方で見るということに存するのである（Diamond 1991）。

写真2　コーラ・ダイアモンド

さて、ダイアモンドの『クリトン』論はウィトゲンシュタイン研究者にはしばしば言及されるのだが（例えば、入江 二〇一三）、本職のプラトン研究者には完全に無視されている。実際問題として、『クリトン』研究においてダイアモンドの論文が言及されることはない。その理由はおそらく二点あり、一つはダイアモンドが『クリトン』についての先行研究にまったく取り組んでいないという点にある。ダイアモンドは先行研究のどこに問題があり、自身の解釈はそれをどのようにして乗り越えているのか、ということを詳細に議論しない。もう一つは、ダイアモンドが自身の解釈のテキスト的根拠を丁寧に示さない、という点である。ダイアモンドの主張はもっともらしく響くのだが、それが実際に『クリトン』のテキストのどの箇所により支持されるのかということが不明なのである。

この二点からすると、プラトン研究者がダイアモンドの解釈を無視するのももっともである。それは専門的な批評の対象となるような形で提示されていないのである。

しかし、私はそれでもダイアモンドは基本的には正しい方向を指し示していると考えている。そこで、以下ではダイアモンドにインスパイアされつつ、『クリトン』のテキストをより丁寧に読み解き、そこでの道徳的思考がどのようなものかをダイアモンドよりも明確かつ正確に取り出すことを試みたい。

†一般主義解釈の問題点①——尊敬論証

まずは一般主義解釈の問題点を見ておこう。結論から言うと、一般主義解釈により再構成された尊敬論証と同意論証はどちらも説得力を欠く、というのがその問題点である。もしも一般主義解釈が正しかったら、『クリトン』は哲学的にはおもしろみに欠ける本だと言わざるをえない。そこに描かれているソクラテス——死の瀬戸際においても哲学的吟味の結論を生きようとする真の哲学者——は魅力的だとしても、その吟味の中身はいまいちで、説得力のある議論が展開されているとはとても言えない。このように思われるのである。

尊敬論証から具体的に見ていこう。まず一般主義解釈による尊敬論証の定式化を再度確認しておこう。

(i)もしも誰かが別の誰かに対して養育などに関して親以上の利益を与えているのであれば、前者は後者の尊敬に値する。

(ii)国法はソクラテスに養育などに関して親以上の利益を与えている。

ゆえに、(iii)国法はソクラテスの尊敬に値する。

このように尊敬論証を解釈した場合、少なくとも二点、問題を指摘することができる。第一に、その二つ目のステップ(「(ii)国法はソクラテスに養育などに関して親以上の利益を与えている」)は説得力を欠く。ソクラテスの養育などにアテナイの国法が一定の重要な役割を果たしていることを認めるとしても、それが「親以上の利益」を与えたことを意味するだろうか。実際には国法はせいぜいソクラテスの成長の背景条件に過ぎず、親以上の利益を与えているとなぜ言えるのかは不明である。

また第二に、より重要なことには、国法がソクラテスに与えた利益が国法を尊敬する厳格な義務をなぜもたらすのかも不明である。議論のために子どもには親を尊敬する義務があるということを認めるとしても、例えば父親が子どもを不当な仕方で殺そうとしたならば、子どもは父親を傷つけてでも逃げてよいであろう。そして、同じことが国法への尊敬についても言えるように思われる。国法を尊敬する義務が、不当な死刑判決を逃れるための脱獄を認めないほど厳格なものだと考える理由は、一般主義解釈にとどまる限り理解できないのである。

†一般主義解釈の問題点②——同意論証

似たような議論は同意論証に関しても行うことができる。同意論証についてもその一般主義解釈を再度確認しておこう。そこではまず同意の条件(a)—(e)が提示され、そのうえで、次のように論証が定式化される。

(i)もし何らかの国家の法と市民のペアが上の条件(a)—(e)を満たしているならば、その市民は法に従うことに同意している。
(ii)アテナイの国法とソクラテスのペアは条件(a)―(e)を満たしている。
ゆえに、(iii)ソクラテスはアテナイの国法に従うことに同意している。
ゆえに、(iv)ソクラテスが国法に従わなければ同意原理への違反となり、不正である。

このように同意論証を解釈すると問題になるのは、なぜここでの「同意」がかくも厳格なのか理解できない、という点である。いまアテナイの国法とソクラテスのペアが、同意成立の条件(a)―(e)を満たしていると認めたとしよう。さらに、それによりソクラテスとアテナイの国法の間に法を守るという同意が成立したということも認めたとしよう。このときに疑問となるのは、その同意がなぜそれほどまでに厳格なのか、という点である。法を守る一般的な義務があることを認めるとしても、不当な死刑判決という理不尽な出来事によってすらその義務がキャンセルされないのはなぜかということが、一般主義解釈の下では理解できないのである。

ここで一般主義解釈は、「気に入った判決や法にだけ従う」というのではそもそも裁判や法というものが成り立たない、したがってすべての判決や法に従う義務が存在する、と考えるかもしれない（Allen 1980, pp. 94-96, Panagiotou 1987, pp. 40-42, Wasmuth 2020, pp. 398-399）。すなわち、ソクラテスが一般的に判決や法に従うことに同意しているのであれば、気に入らない個別の判決や法に従うことにも同意していると考えることができるというのである。

この考えの難点は、それではソクラテスの厳密な同意を説明できない、という点にある。というのも、目下の問題は、法に従う一般的な義務がソクラテスに存在するかどうかではなく、不当な死刑判決が下された際にもその義務がキャンセルされないのはなぜか、という点にあるからである。「気に入った判決や法にだけ従う」というわけにはいかない、と判決や法に従う一般的な義務を持ち出すことは、キングに対して「法律は守るべきだ」と言うのと同様に、目の前の個別のケースについて考えるための導き手にはならないのである。

このように一般主義解釈にとどまる限り、尊敬論証も同意論証も説得力を欠く。もちろん、このように言うことは、一般主義解釈が『クリトン』のテキストとはっきりと矛盾する、と言うことではない。実際に『クリトン』の論証には欠陥があり、哲学的観点からすると『クリトン』は凡庸なテキストだという可能性はある。しかし、『クリトン』からより説得力のある論証を取り出す読み方があるのであれば、そのほうが望ましいのは確かだろう。

†同意論証の非一般主義解釈

それではどのように考えればよいのだろうか。私の考えでは、国法の二つの論証は道徳的想像力に訴えることで理解可能なものとなる。今回は順番を変えて同意論証のほうから見ていこう。

国法はアテナイの国法とソクラテスのペアが同意の条件を満たしていることを示すべく、ソクラテスについての個人的物語を語り始める。そこでは、ソクラテスが生涯を通じてほとんどアテナイを出ることなく七〇年もアテナイで過ごしたこと、アテナイで子どもをもうけたこと、裁判の際に追放の刑を申し出なかったこと、スパルタやクレテ（クレタ）といった他の都市の法や政治が優れていると認めていたこと、などが語られる（『クリトン』52a—53a）。

このようなソクラテスについての個人的物語をどう解釈すべきだろうか。一般主義解釈に従うならば、それは単にアテナイの国法とソクラテスのペアが同意の一般的条件(a)—(e)

を満たすことを示す議論だということになる。しかし、そのように考えるとなぜソクラテスの同意の中身がそれほど厳格なのか理解できないのであった。

私の解釈では、国法の語るソクラテスについての個人的物語は、道徳的想像力を喚起するためのものである。それは単にソクラテスが同意の一般的条件を満たすことを示す事実の記述ではなく、ソクラテスが断固としてアテナイを選び取っていることに関する物語である。例えば、国法の語る言葉に導かれ、我々はソクラテスはなぜ裁判で追放の刑を選ばなかったのかということを考えるよう促される。すると、これは『ソクラテスの弁明』において論じられているように、ソクラテスが神からアテナイで哲学をするという使命を与えられていたからだということに我々は思い至る。ソクラテスにとって、アテナイで哲学をすることは使命であり、追放の刑を申し出て死刑を免れようとすることは自らその使命を放棄することとなるのだ。

このような事情はソクラテスに特有のものである。ソクラテス自身が認めているように、アテナイで哲学をするという使命を与えられた人を他に見つけることはできない（『弁明』30d―31a）。

ポイントはこのように想像力を働かせ、ソクラテスの人生がどのようなものかを思い描くことで、国法とソクラテスの間の厳格な同意が理解可能なものとなってくる、ということにある。最初、『クリトン』の読者は「同意」が何を意味するのか明確に理解できない。読者はクリトンとともに「何のことを言っているのか、よく分からない」と困惑を感じる(cf. Diamond 1991, p. 311)。そこでは「同意」は不明瞭な仕方でしか把握されず、ソクラテスの言葉により何が言われているのか読者は理解できない。しかし、ソクラテスの人生のあり方を想像し、それがどのような生なのかを考えることで、我々はソクラテスが断固としてアテナイを選び取っているということを理解する。そしてそれにより、そのような生の中では非常に厳格な同意——不当な死刑判決によってもキャンセルされない同意——が意味をなすということが理解されてくるのである。

このように同意論証の核には、当初は不明瞭だった「同意」の観念が明確な意味をなすようになるというプロセスがある。その論証は単なる一般的原理の個別事例への適用ではなく、想像力を働かせ、論証に現れる観念を明確化するということに依拠しているのである。

†尊敬論証の非一般主義解釈

尊敬論証の検討に移ろう。尊敬論証についても同意論証と同じような方向で考えることができる。尊敬論証とはアテナイの国法や国家に対してソクラテスは尊敬の義務を負っているとする論証であった。私の解釈においては、この尊敬の義務はアテナイとソクラテスのペアが何らかの一般的条件を満たすことではなく、両者の特別な絆から生じている。

国法が語るソクラテスについての個人的物語は、読者にソクラテスとアテナイとの間に特別な絆があるということを気づかせる。そして、その絆は究極的にはソクラテスが神によりアテナイに結びつけられた哲学者だという点に帰着する。すなわち、ソクラテスはアテナイで哲学することを自身の使命として受け止め、断固としてアテナイを選び取っており、そのことがソクラテスとアテナイの特別な絆となっているのである。

この点に思い至ったとき、アテナイの国法や国家が、ソクラテスにとって親以上の尊敬に値するということも理解可能となってくる。ソクラテスにとってアテナイは「アテナイの哲学者」としての自身のアイデンティティを成立させるような根拠となる存在であり、厳格な尊敬の対象となる。そして、アテナイの国法がソクラテスに与える「利益」もそのような特別な関係の形成過程の中に位置づけられるものとして特別な意味合いを持つ。このように理解されるべきものなのである。

そして、ここでも想像力が決定的な役割を果たしている。最初、我々は国法や国家が厳格な尊敬の対象——いちばん害悪を加えてはならない者たち——であることにまったく思い至らない。しかし、ソクラテスの個人的な物語を通して、そこに厳格な尊敬が意味をなす生が存在するのだということが理解されてくるのである。

†知識と想像力

ここで、とはいえそれは想像力の問題なのか、と疑問に思う人がいるかもしれない。当初、不明瞭であった「同意」の概念が、ソクラテスの人生を思い描くことで理解可能なものとなる、というのはよいとしよう。しかし、それは「想像力」の問題ではなく、単にソクラテスの人生について詳しく知る必要があるという「知識」の問題ではないだろうか。このように言われるかもしれない。

この疑問には、ソクラテスの人生を思い描くことは、単にソクラテスに関する個別の事実の集合を知ることではない、と答えることができる。それは、ソクラテスに関する様々な個別の事実を一つの全体へとまとめあげ、そこに意味の秩序を出現させることなのである。

ソクラテスが生涯をアテナイで過ごしたこと、アテナイで子どもをもうけたこと、などなどの事実はそれらをただ列挙するだけでは、厳密な「同意」の概念を理解可能なものとはしない。実際、これらの事実は一般主義解釈をとる研究者たちにもよく知られたものであるが、そのような研究者たちはそれらの事実の集合に私が見ている特別な意味合いを見ていない。必要なのは想像力を働かせて、それらの事実を「アテナイの哲学者ソクラテスの人生」として物語ることなのである。

そのように物語ることで、我々はソクラテスとアテナイの国法の厳密な同意について有意味に語ることができるようになる。この点において、ここでは単に知識ではなく、想像力の働きが鍵となるのである。

†個人的かつ客観的な倫理

最後に、おさらいとして一般主義解釈と私が提示した解釈——非一般主義解釈——の比較をしておこう。一般主義解釈においては、道徳的思考とは一般的原理の個別ケースへの適用として捉えられている。その際、原理の記述とその原理をソクラテスが満たすことの記述は互いに独立していると想定されている。例えば、同意原理における「同意」の観念はそれ自体で理解されており、それがソクラテスと国法の関係に適用されると考えられることになる。しかし、そのように考えたとき、我々の日常的な同意の観念はそこまで厳格なものとして把握されていないので、なぜソクラテスにそれほどにも厳格な同意の履行が求められるのかが理解できなくなってしまうのである。

これに対して非一般主義解釈においては、『クリトン』に示されている道徳的思考の核には、想像力の働きがあるとされる。道徳原理に現れる「同意」、あるいは「尊敬」や「利益」といった観念はそれ単独で内容が理解されるようなものではない。それらはソクラテスがその適用例となるということの理解と同時的に理解される。読者はソクラテスの個人的な物語に導かれて、その生のあり方を想像する。そして、その中で「同意」「尊敬」といった観念が持つ内容を把握することで初めて、そもそもの道徳原理の内容も把握できるようになるのである。

非一般主義解釈に従うならば、一般主義解釈のような問題は生じない。国法の議論において問題となっているソクラテスの同意や尊敬の義務は、非一般主義解釈によると、ソクラテスという個人に特有の仕方でその内容を与えられるべきものであり、それらがきわめて厳格なものとなることに原理的な問題はないのである。

このように言うことは、『クリトン』に現れている道徳的思考が、主観的なものだと言うことではない。非一般主義解釈が言っているのは、「ソクラテス本人が義務があると言うならそうなんだろう」ということではない。『クリトン』の道徳的思考はソクラテス個人の物語に依拠しているという点では個人的である。しかし、それは恣意的で、本人次第の主観的なものだ、というわけではない。想像力の働きを強調することは、その物語が単なる空想の産物だとか、でっち上げだとかと言うことではない。我々はソクラテスの個人的な生についての想像が、適切な情報に基づいているか、バイアスのかかったものではないか、といった点を問題にすることができる。また、ソクラテスの結論が、ソクラテスの受け入れている他の見解と整合的かといったことも吟味可能である。この意味で『クリトン』の道徳的思考、したがって、そこに示されている倫理は、個人的かつ客観的なものなのである。

第3章

意味の秩序を現出させる

――想像力と言語ゲーム

†想像力とは何か

前章ではプラトンの『クリトン』を読み解きつつ、道徳的思考において想像力が重要な役割を果たしている例を見た。この章では「想像力」とはどういうものかという点についてさらに掘り下げて考察していこう。そもそも「想像力を働かせる」とは何をすることなのだろうか。

我々は様々な場面で想像力を働かせる。SF小説を読み近未来の街並みを想像すること。隣でなんだか難しい顔をしている妻の気持ちを想像すること——「怒ってるのかも。一粒だけ残っていたチョコレートを食べたのはまずかったかな……」。自分がどこかの国の王様だと想像すること（あるいはそもそも国なんかなく、すべての人々が平和に暮らしていると想像すること）。これらはすべて「想像」と呼ばれる。

このように多様な「想像力の働かせ方」に対して統一的な説明が可能だという保証はない。そこで、ここでは道徳的観点から想像力を働かすことに関わる「想像」に焦点を絞って、そのあり方を考えてみることにしたい。

すると、大雑把には、想像力とは様々な個別の事実を一つの意味ある全体へとまとめ上げる能力だ、と言うことができる。すなわち、目下の脈絡においては、想像力とは単なる空想する力、無秩序にイメージを連想する力ではなく、一つの意味の秩序を現出させる力なのである。

少しずつ説明していこう。まずは道徳とは無関係のケースで考えてみる。例えば、私が王様で大臣に命令をするところを想像しよう。私は豪華な椅子に座り、そこから大臣に命令する（「国一番のパティシエを呼び、妃のためにチョコレートを作らせよ」）。

ここでまず確認すべきは、このようにして何かを想像することは感覚的なイメージを意識することと同じではない、ということである。確かに、自分が王様となって命令をする状況を想像するとき、私は心の中で感覚的イメージを持つかもしれない。例えば、豪華な椅子に座り、王冠を頭に載せている自分の視覚的なイメージを私は心の中で思い浮かべるかもしれない。しかし、それが学芸会やハロウィンの仮装の一場面ではなく、「自分が王様となって大臣に命令するところを想像している」と言えるためには、その視覚的イメージを超えて想像の内容を与えるような一種の想定をする必要がある（Peacock 1985）。視覚的イメージに現れているのは、あくまで豪華な椅子に座って王冠をかぶった自分の姿だけであり、その想像の内容は視覚的イメージ自体では尽くされないのである。

このように言うことは、純粋に感覚的イメージを思い浮かべることなどない、と言うことではない。私はただ単に豪華な椅子に座って王冠を頭に載せている自分の視覚的イメージを持つこともできる。そして、それを「想像」と呼んでいけないわけではない。

しかし、自分が王様で大臣に命令をするという状況を想像するのであれば、私の想像の内容は他の様々な状況とのネットワークの中に位置づけられる必要がある。例えば、私の命令に従った大臣がその部屋――王様の執務室――を出た後で家来に命令を与えるとか、執務室に入る前、私は隣の私室でおつきの家来に手伝わせて着替えをしていたとかといった、その前後の状況と結びつく可能性を持っていなければ、私の想像は「自分が王様となって大臣に命令する」という内容を持ちえない。

このように、我々は想像する際に様々な想定を伴いつつ、ある状況を思い描いている。それは、状況をシミュレートすることだと言ってもよい（cf. Barsalou 1999）。自分が王様となって大臣に命令すると想像するとき、私はそのような立場から物事がどう感じられるのかとか、私の命令がどのような結果をもたらすのかといったことをシミュレートしているのである。

このように想像力を一種のシミュレーション能力として捉えると、自分が王様であることを想像するケースのような空想上のケースだけでなく、現実の状況把握においてもこの能力が働いていると考えることができる。例えば、私はいま喫茶店でこの本の原稿を書いている。このとき「自分はいま喫茶店にいる」という私の状況認識は、それ単独で存在しているわけではなく、他の状況認識とのネットワークの中に位置づけられている。私はいまアイスコーヒーを飲んでいるが、このアイスコーヒーは喫茶店で注文したものだから、この後でその代金を支払う必要があると私は認識している。もしも代金を払わずにその場を後にしたら、お店の人が追いかけてくるだろう。これに対して、もしも私が自宅でアイスコーヒーを飲んでいると考えていたら、私は代金を支払う必要を感じないだろう。そして、その代わりに空になったグラスを自分で洗う必要を感じるはずである。

このように、空想的に状況を思い浮かべる場面だけでなく、現実の状況を認識する場面であっても我々は統一的な意味の秩序の下に状況を把握する。この本で私は、道徳的思考、とりわけその熟慮の場面における想像力の働きに注目する。しかし、それは「道徳的想像力」という何か神秘的な能力を想定することではない。想像力は普段の状況把握に際しても働いている一種のシミュレーション能力であり、道徳的観点からの熟慮の際に我々はこの能力をより意識的に用いるのである。

†感情、理性、想像力

想像力を一種のシミュレーション能力として把握したところで、道徳的思考と想像力の関係について、さらに考えていこう。アメリカの哲学者マーク・ジョンソン（一九四九―）は認知科学の成果を引きつつ、我々の道徳的思考には三つの要素が関わると論じている(Johnson 2014)。

一つは感情である。感情は直観的判断において大きな役割を果たす。例えば職場で上司に暴言を吐かれたとしよう。私は怒りをおぼえ、とっさに「すぐに謝罪してください！」と抗議する。このとき、怒りの感情が私の「その暴言は許されない」といった判断や抗議という行為を導いている。

感情については後の章でより踏み込んで検討するが、ここでも少し考察しておこう。怒りや悲しみ、あるいは恐怖のような感情は、自身の身体状況をモニタリングすることで、外的な環境世界の評価を行っている（Damasio 1994, 2003, Prinz 2004, 源河 二〇二一）。例えば、私が山道でヘビに出会ったとしよう。私の身体はこわばり、心臓がドキドキと鳴る。

この状況において恐怖とは、そのような私の身体の状態を知覚し、それを通して外的な環境世界における危険を察知する働きだと考えることができる。

そして、人間が複雑な社会的、文化的な環境世界に住まうようになったことで、感情はヘビの危険のような単純な生存に関わる価値だけでなく、社会的、文化的価値にも反応するようになる（Damasio 2003, chap. 4）。例えば、上司の暴言に怒りを感じるとき、私はその言語的、文化的意味を認識し、その不当さを感じ取っている。ヘビの出現による身体的な危険といった生物としての人間のあり方に関わる価値だけでなく、道徳的価値を含む、社会的、文化的価値にも我々の感情は反応するようになったのである。

ジョンソンが挙げる道徳的思考の三つの要素の二つ目は理性である。ここでの理性とは、大雑把に言うと、第1章で見たような判断の理由づけやその吟味に関わる能力である。我々は状況に直観的、感情的に反応するだけでなく、自分の判断の理由を与え、その整合性を吟味することができる。

理性の与える理由はしばしばただの後づけで、感情によって用意された選択肢を追認しているだけのようにも見える（cf. Haidt 2001）。また、様々なバイアスにもさらされている。しかし、何らかのバイアスの下にあるかどうかをチェックすることもまた理性の働きであり、理性などまったく無力だとまでは考えなくてよいだろう(cf. Brink 2014)。

ジョンソンは三つ目の要素として想像力を挙げている。想像力とは先に論じた通り、状況を思い描く、あるいはシミュレートする能力である。ジョンソンによると、この想像力を働かせることにより、我々は単なる後づけの理由を与えるのではない仕方で、思考することができるのである。

†想像力と意味

ジョンソンの整理を受け入れたうえで、道徳的思考における想像力の働きについてさらに考えてみよう。前章の『クリトン』についての議論が示しているのは、想像力の働き——少なくともその重要な部分——は、「意味」に関わっているということである。『クリトン』の非一般主義解釈によると、『クリトン』に示されている道徳的思考の核には、不明瞭な概念の意味が明確になっていくプロセスがある。そこでは、当初は「同意」や「尊敬」といった概念で何が意味されているのかが不明瞭であったのが、想像力を働かせソクラテスの生のあり方を思い描くことで、それらの概念の意味が明確となることがもくろまれていたのである。

このように道徳的思考においては、想像力を働かせることが重要である。不明瞭な概念が明確に意味をなす状況を思い描くことで、我々は道徳的思考を機能させることができるのである。

ただ、このように想像力の重要性を強調することは、理性の働きを軽視することではない。『クリトン』の非一般主義解釈においてそうだったように、想像力は尊敬論証や同意論証といった論証を機能させるものである。そして、論証とは判断の理由を与えることであり、その適切さや整合性を問題にすることができる。

むしろ『クリトン』において生じているのは、理性と想像力が一体となって働く、という事態である。もしも論証というものが、まったく抽象的で、現実世界と切り離されたところで行われているのであれば、それは想像力とは無関係でありうるかもしれない。しかし、道徳的思考、そしてその要素としての論証は、我々がこの世界で行うことである。したがって、そこに登場する概念も抽象的な形ではなく、何らかの具体的な状況と結びつくことで、その意味内容を与えられる必要がある。想像力を通してそのような状況を思い描くことで、我々は論証に対して明確な概念を供給し、論証を機能させることができるのである。

概念が具体的な状況と結びつくことでその意味内容を与えられるという論点は、必ずしも自明ではないので、さらに考察しておこう。ここでは言語的な思考を例に、それが明確な意味内容を持つとはどういうことなのかを考える。

†言語的意味、言われていること、含み

さて、言葉の「意味」は大雑把には三つのレベルに分けて考えることができる。ここではそれぞれを「言語的意味」「言われていること」「含み」と呼ぶことにする。

例えば、「黄色い」という語を考えてみる。日本語話者であればこの「黄色い」という語を語彙として理解していないということはないだろう。「このペンは黄色い」や「黄色いペンを取って」といった文を見て、まったく意味のわからない語が含まれているとか、文法構造を把握できないとかといったことはないはずである。「言語的意味」とここで呼んでいるのは、そのような言葉が語彙として持つ意味のことである。

言語的意味に対して、「言われていること(what is said)」とは特定のコミュニケーションの現場で言葉を用いて対話相手に伝達されているその意味内容のことである(Recanati 1989, 大谷 二〇二〇、四〇—四二頁)。具体例で説明しよう。いま花子が入学試験の願書を

書いているとする。花子は太郎に「そこの黄色いペンを取って」と言う。もちろん、花子は黄色い文字で願書を書くつもりではない。花子は「黄色いペン」で「黄色いインクのペン」ではなく、「見た目が黄色い（インクは黒い）ペン」のことを意味しているのである（実際、私はそういうペンを使っている）。ここで太郎がインクの黄色いペンを花子に渡したとしよう。すると、花子は「いや、そういう意味じゃなくて、そこの見た目が黄色いペンのことを言ってるんだけど」と太郎の誤解を正すことができる。この太郎に誤解された「意味」が、花子が「そこの黄色いペンを取って」という文を口にすることで伝達しようとした意味内容、その文を用いて「言われていること」である。

重要なのは、花子と太郎の例が示すように、言語的意味と言われていることとの間には、ギャップが存在するということである。「そこの黄色いペンを取って」という文の言語的意味について、太郎は十分な理解を持っている。太郎になじみのない言葉や文法構造はその文には含まれていない。この点で、その文は「カントは超越論的演繹において純粋悟性概念の妥当性を明らかにした」というような文とは異なる。後者の文については、「超越論的演繹って何？」「純粋悟性概念ってどういう意味？」とそもそも語彙の意味がわからないということになりうるが、前者の「そこの黄色いペンを取って」という文についてはそういうことはないのである。しかし、「そこの黄色いペンを取って」という文の言語的意味を理解していることは、その文を用いて特定のコミュニケーションの現場で言われていることも理解しているということを保証するわけではなく、そこにはギャップが存在する。実際、太郎は花子との会話において、その文により言われていることを誤解し、見た目の黄色いペンではなく、インクの黄色いペンを花子に渡してしまったのである。

意味の三つ目のレベルである「含み（implicature）」とは、言われていることを通して間接的に伝達される、さらなるメッセージのことである。少し別の状況を考えてみよう。いま花子はインクの黄色いペンを使ってしまい、「あ、このペンは黄色いね」と太郎に言ったとしよう。花子が願書を書いていると知っていたので、太郎は「これ使いなよ」と言ってインクの黒いペンを花子に渡す。このとき、花子は「このペンは黄色いね」という文を用いてそのペンが黄色いということだけでなく、インクの黒いペンを取ってほしいというさらなるメッセージを太郎に伝えている。このさらなるメッセージが「含み」である。

含みは一種のメタメッセージである。我々は「この部屋はなんだか暑いな」と言うことで、窓を開けてくれというメッセージを伝えたり、「このシチューちょっと味が薄いね」と言うことで、塩を取ってくれというメッセージを伝えたりというように、言われたことを超えた様々なメタメッセージを伝え合いながら言語的コミュニケーションを行っている。

その分析は「語用論」と呼ばれる分野の重要トピックであるが、ここではこれ以上は踏み込まず、言語的意味と言われていることの関係に焦点を絞ることにしよう。

†イメージと意味

さて、いま見たように言語的意味と言われていることとの間にはギャップが存在する。「そこの黄色いペンを取って」の語彙や文法を理解していることは、その文を用いて特定のコミュニケーションの現場で言われていることの理解を保証するものではない。

ここで重要なのは、「特定のコミュニケーションの現場」という点である。問題のギャップを埋めて、言われていることにたどり着くためには、特定のコミュニケーションの現場に目を向ける必要がある。だが、コミュニケーションの現場において何が言われていることをもたらすのだろうか。

この問いに対して思いつきそうな一つの回答は、コミュニケーションの参加者が心の中で持つ感覚的イメージに訴えるものである。いま言葉を発する人を「話し手」、それを聞く人を「聞き手」と呼ぶことにしよう。この回答によると、話し手と聞き手が言葉に同じ

図1　イメージ説

感覚的イメージを心の中で結びつけているとき、コミュニケーションは成功し言われていることが共有された、ということになる。例えば、「りんご」という語に話し手と聞き手の両者が同じようなリンゴのイメージを結びつけているとき、言われていることが理解されたと考えるのである（図1）。

このような考え方を「イメージ説」と呼ぶことにしよう。イメージ説によると、言われていることに関わる言葉の意味とは、話し手や聞き手が言葉に結びつけている心の中のイメージであり、コミュニケーションの成功とはそのようなイメージが話し手と聞き手に共有されるという点に存する。

さて、イメージ説はそれなりにもっともらしく聞こえるかもしれない。しかし、この説には決定的な欠陥がいくつかある。二点挙げておこう。

第一に、特定のイメージと結びついていない言葉が存在する、という問題がある。例えば、「反面教師」や「改革」といった語について考えてみよう。このような抽象的な言葉は何か特定のイメージと結びついているようには思われない。少なくとも私は何か特定のイメージを思いつかない。しかし、だからと言って、「前回の改革の失敗を反面教師として新たな改革に取り組む」という文が有意味な仕方では使用されえないということにはならないだろう。

第二に、同じイメージを持つ言葉が異なる意味を持ちうる、という問題がある。例えば、「正千角形」と「正千一角形」という二つの語に私は同じイメージを持つ。それは限りなく円に近い図形である。しかし、だからと言って、それらの語が同じ意味を持つということにはならないだろう。

このように言葉が「意味を持つこと」と「イメージと結びつくこと」は別のことである。したがって、イメージ説は拒否されねばならない。「言われていること」を与えるのは、

写真3　ルートヴィヒ・ウィトゲンシュタイン

心の中のイメージではないのだ。では、「言われていること」にたどり着くためには、何に注目すればよいのだろうか。

後期ウィトゲンシュタイン哲学

　この点を考えるために、ここでは二〇世紀を代表する哲学者であるルートヴィヒ・ウィトゲンシュタイン（一八八九—一九五一）の言語哲学を参照することにしよう。まず少しだけ、ウィトゲンシュタインの紹介をしておく。ウィトゲンシュタインは一八八九年にオーストリア、ウィーンに生まれる。父親は鉄鋼業で財を成した大富豪であり、その家は「ウィトゲンシュタイン宮殿」と呼ばれ、ブラームス、マーラー、ブルーノ・ワルターといった音楽家たちも出入りしていた。

　ウィトゲンシュタインは最初、工学を志し、ベルリンの工科大学で学んだ後、イギリスのマンチェスターでプロペラの研究を行う。そしてその中で、工学の基礎にある数学、さらには数学の哲学に関心を移していく。そして一九一一年にケンブリッジ大学のバートランド・ラッセル（一八七二―一九七〇）のところへ行き、そこで学び始める。ラッセルは一般的には『幸福論』や『結婚論』などのエッセイや、原水爆への反対を表明した「ラッセル・アインシュタイン宣言」で有名だが、その当時は最先端の記号論理学を用いた哲学的考察で数学の哲学や言語哲学などの議論をリードする哲学者であった。

ラッセルのもとでウィトゲンシュタインは記号論理学を用いた哲学のやり方を身につけていくが、一九一四年に第一次世界大戦が勃発すると、志願してオーストリア軍に参加する。ウィトゲンシュタインは、前線で危険な任務につきながらも哲学的考察を深めていく。そして、イタリア戦線で捕虜になると、収容所で『論理哲学論考』（以下『論考』）という著作を完成させる。

『論考』を完成させたウィトゲンシュタインはそこで哲学の問題をその本質において最終的に解決したと宣言し、戦後もケンブリッジには復帰せずオーストリアの地方で小学校の教師となる。だが、保護者や同僚との折り合いが悪く、また体罰により生徒を失神させるという事件を起こしたこともあり、数年で辞めてしまう。その後、ウィーンでぶらぶらしていたのだが、その間に『論考』を重要な著作だと考える哲学者たちがウィトゲンシュタインとコンタクトをとるようになり、そのような哲学者たちとの議論を通じて、ウィトゲンシュタインは徐々に哲学への関心を取り戻す。そして、一九二九年、およそ一〇年の沈黙を経て、ウィトゲンシュタインはケンブリッジに復帰し、哲学を再開する。翌年には講義も行うようになり、一九三九年には教授となっている。

復帰後のウィトゲンシュタインは『論考』における自身の哲学の誤りを認め、それを批判し乗り越えるような哲学を構想するようになる。このため、『論考』を中心とする哲学は「前期ウィトゲンシュタイン哲学」と呼ばれ、復帰後の哲学――後期ウィトゲンシュタイン哲学――とは区別される。

ウィトゲンシュタインは人柄も独特であり、伝記などを読むと色々とおもしろい。生徒への体罰のエピソードに見られるようなある種の人格的欠陥と「よく生きること」を誠実に目指し続ける真摯さ、そして天才性と変人性が共存するその人生は我々を引きつける(ちなみに私の好きなエピソードは、自身の学生であった哲学者のノーマン・マルコムとその妻との散歩中に、三人で太陽、地球、月の運行を表現したというものである。マルコムの妻は太陽で、マルコムが地球となり、妻の周りを駆け足で周る。そして、ウィトゲンシュタインは月となって、そのマルコムの周りを息がきれるまで走ったという(Malcolm 1984, pp. 44-45, 邦訳六四―六五頁))。しかし、ここではウィトゲンシュタインの人格ではなく、その哲学、とりわけ後期ウィトゲンシュタイン哲学に注目したい。

†言語ゲームと生活

さて、後期ウィトゲンシュタインは、言葉の意味について考える際には、その使用に注目するのが重要だとする。ウィトゲンシュタインはこの点を明らかにするために、言葉を使用することをゲームをすることに喩え、「言語ゲーム」という用語を用いる。「言語ゲーム」は原語のドイツ語では"Sprachspiel"(「シュプラッハ・シュピール」)であり、ゲームにあたる"Spiel"(「シュピール」)という語は、チェスやトランプのようなゲームだけでなく、スポーツの試合や競技、そして演劇のことも表す語である(日本語でもスポーツに関して「ワンサイドゲームだった」と言ったりする際には、同じような語感で「ゲーム」という語が使われているように思われる)。

ここではテニスのゲームで考えてみよう。テニスをするときには、サーブを打つ際の位置を決める規則のような一定の規則があり、プレイヤーはその規則の下でボールのやり取りをする。それと同様に、言葉を用いるコミュニケーション、すなわち言語ゲームにおいては、動詞の活用のような一定の文法規則の下、プレイヤーは言葉のやり取りをする。ウィトゲンシュタインによると、言葉を使用して何かを語るとは、聞き手に感覚的なイメージを喚起することではなく、言葉を使用した活動を行うことなのである（Wittgenstein 2009, sec. 23)。

花子と太郎の会話に戻ろう。花子の発した「そこの黄色いペンを取って」という文により「言われていること」を把握するとは、それがその特定の会話の場面においてどのように使用されているのか、どのような言語ゲームが行われているのかを把握することである。すなわち、花子がインクではなく、見た目の黄色いペンのことを指すために「黄色いペン」という表現を使用しているということを把握することが、そこで言われていることの理解をもたらすのである。

ウィトゲンシュタインはさらに個々の言語ゲームは、その言語ゲームが埋め込まれている生活を背景として成立すると論じている（Wittgenstein 2009, sec. 23)。花子と太郎の会話に続きを考えてみよう。インクの黄色いペンを取ってしまった太郎に対して、花子は「いや、そういう意味じゃなくて、そこの見た目が黄色いペンのことを言ってるんだけど」と訂正をする。そして、「だって、入学試験の願書を書いているんだよ」と説明する。

この説明により言われていることを理解するためには、我々は入学試験の願書を書くということが何をすることで、どういう生活の形を背景としているのかを把握していなければならない。いま花子と太郎の会話を一六世紀からタイムスリップしてきた織田信長が聞いていたとしよう（一六世紀と現代では日本語の発音が異なるので、そもそも信長は花子の言葉を聞き取れるのかという問題もあるが、そこはクリアしたことにする）。信長に「だって、入学試験の願書を書いているんだよ」という文により言われていることを理解させるためには、花子はまず、我々の社会が小学校から大学、大学院へといたる学校制度を持つこと、そして大学への入学は生まれながらの身分や殿様による抜擢ではなく、入学試験による選抜に基づくこと、そしてその試験を受けるために細々とした事項を記載した「願書」と呼ばれる書類を提出するというシステムを採用していること、などなどを説明する必要がある。現代日本社会における生活の形は戦国時代の生活の形とは大きく異なり、「入学試験」や「願書」といった言葉も、そのような生活の形を背景として使用されることで初めて意味を持つ。このようにウィトゲンシュタインは考えるのである。

†道徳的思考と言語ゲーム

ウィトゲンシュタインの言語ゲームについての議論を参照すると、道徳的思考に登場する概念が特定の状況と結びつくことで明確な意味を持つようになるという論点も、よりはっきりとしてくるだろう。道徳的思考は、特にじっくりとよく考える際には、概念を用いて行われる。すなわち、道徳的観点から熟慮する際、我々は「善悪」「平等」「正義」、そして「同意」や「尊敬」といった概念を用いて思考する。ウィトゲンシュタインの議論が示しているのは、概念はその概念を使用する状況、すなわち言語ゲームおよびその背景となる生活の下で意味を持つ、ということである。したがって、道徳的思考を構成する概念も特定の言語ゲームと生活の形の下でのみ明確な意味を持つのである。

例えば、『クリトン』に登場した同意原理「正しい同意には従わねばならない」を考えてみよう。この原理が問題となる特定の状況を念頭に置かずにこの文言を示されたとき、その「同意」の中身は不明瞭である。例えば、その「同意」がどれほど厳格な遵守を要求するのかといったことは、この原理の文言自体から導き出すことができない。

もちろん、我々は典型的な同意の場面を思い描くことはできる。例えば、友人とのランチの約束は典型的な同意であろう。我々はそのような同意のステレオタイプを思い浮かべることで同意原理を漠然と了解できる (cf. Rosch & Mervis 1975)。

しかし、そのようなステレオタイプに依拠した了解は、ソクラテスのケースにおける同意原理の内容の理解をもたらすものではない。ステレオタイプに依拠する限り、我々にはランチの約束をキャンセルしてよいときがあるのと同様に、国法への同意もキャンセルしてよいときがあるのではないかと思われ、そのために厳格な同意の存在を主張する国法の議論が貧弱なものと見えてしまうのである。これに対して、我々はソクラテスが「同意」という語を用いて行っている言語ゲーム、そしてその背景にあるソクラテスの生活の形、人生の形を思い描くことで、そこで同意原理が持つ内容を明確に理解できるようになったのである。

†意味内容の更新

ここで「それは原理の不明瞭さの問題ではなく、概念の適用基準の不明瞭さの問題ではないか」という反論があるかもしれない。例えば、「2+3=5」という数学的原理――「原理」と言うとちょっと大げさだが――を考えてみよう。この原理には特に不明瞭なところはないように思われる。実際、これはどこから見ても明晰判明な真理だと言われそうである。しかし、そのことはこの原理の適用がいつでも機械的に可能だということを意味しない。

いま私が朝食にイチゴ（とちおとめとあまおう）を食べ、昼食にリンゴ（ふじ）、ブドウ（巨峰）、梨（二十世紀）を食べたとしよう。このとき、私は「2+3=5」で五種類のフルーツを食べたと考えるべきだろうか。とちおとめとあまおうを別の種類に数えるのであれば、そうなるだろう。しかし、例えば自分が一日に何品目の食品を食べたのかを計算しているのであれば、とちおとめとあまおうで二種類と数えるのは不適切であろう。「2+3=5」は明確な原理だとしても、実際にそれを適用する際に何を二種類と数えるかはケースバイケースであり、機械的には決められないこともある。同意原理についても同様で、適用の不明瞭さは同意原理自体の不明瞭さを意味しないのではないか。このように言われるかもしれない。

この反論に対しては、「2+3=5」の適用と『クリトン』における同意原理の適用には違いがある、と答えることができる。その違いは、適用によって原理自体の意味内容が更新されるかどうかという点にある。とちおとめとあまおうを「2」と数えるかどうかによって「2+3=5」という原理自体の意味内容が変化することはない。「2+3=5」の意味内容は何を「2」と数えるかというその数え方からは独立しているのである。これに対して、想像力を働かせてソクラテスのケースに同意原理を適用することで、我々は典型的なケースに依拠して漠然と理解していた「同意」という概念の意味内容をリニューアルしている。そこでは「「同意」とはそういうことだったのか」という新たな理解が同意原理に対して与えられているのである。

†一つの言語を想像するとは、一つの生活の形を想像することである

日常的でステレオタイプ的なケースに依拠して「同意」という概念を漠然と理解していると、ソクラテスが脱獄したならばそれは同意原理への違反となる、という論証を理解できない。それは単に原理の適用について疑念が残る、という話ではない。そこで問題となっているのは、原理自体が不明確だということである。すなわち、問題の場面では同意原理を構成する「同意」が何を意味するのかが不明瞭なのである。そして、このような状況において、我々はソクラテスに導かれて想像力を働かせることで「同意」という概念、したがって同意原理自体に対して、新たに明確な意味内容を与えることができるのである。

道徳原理とは我々の現実世界を超越した絶対的な真理だと考える哲学者もいる。それはイデアの世界、あるいは叡智界、と呼ばれるような世界に輝く絶対不変の真理であり、我々は特別な洞察能力によりそれを認識するのだ、というのである。

しかし、道徳原理を構成する言葉もまた言葉であり、それを用いた思考は特定の言語ゲームの下で、特定の生活の形を背景としてのみ成立する。ウィトゲンシュタインは「一つの言語を想像するとは、一つの生活の形を想像することである」(Wittgenstein 2009, sec. 19)と言っている。道徳的思考もまた言葉で行われるものであり、それは想像力を働かせて特定の言語ゲーム、特定の生活の形を思い描くことで初めてその内容を獲得するのである。

†古代ギリシアから現代日本へ

この章では想像力の働きが道徳的思考において重要となると論じた。道徳的思考に現れる概念——例えば、「同意」や「尊敬」——は、なじみの概念だとしても、「当たり前」を問い直すことが求められるような熟慮の場面では、その意味内容を前提としてよいとは限らない。むしろ、そのような場面ではそれらの概念はしばしば不明瞭なものとして現れてくる。

そこで必要となるのが、想像力を用いてそれらの概念が位置づく生活の形を思い描き、その意味内容を明確化することである。現実のものであれ、虚構上のものであれ、「同意」や「尊敬」といった概念が用いられる言語ゲーム、そしてその背景にある生活の形、人生の形を想像し、それらの概念が位置づけられる意味のネットワークを現出させることが、道徳的思考において求められるのである。

先の第1章と第2章ではこの点をプラトンの『クリトン』を例として見た。そこでは初めは日常的な意味のネットワークが前提とされており、そのためソクラテスの脱獄行為が同意を破り、加害となる、と言われてもその意味を読者は理解できない。これに対し、ソクラテスの語る「アテナイの哲学者ソクラテス」の物語は、新しい意味秩序を現出させ、厳格な「同意」や「尊敬」の義務を理解可能にするのである。

私の考えでは『クリトン』が持つ古典としての輝きは、狭い意味での理性的な論証ではなく、その想像力を働かす思考に存する。しかし、想像力を働かす思考は、古典にのみ見られるものではない。次の第4章では古代ギリシアから現代の日本に飛び、日本の哲学者一ノ瀬正樹（一九五七―）の動物倫理をめぐる議論を検討する。それにより、現代の日本の哲学研究においても想像力を働かせる道徳的思考を見いだすことができるということを確認しよう。

第4章

動物たちの叫びに応答する

——応用倫理学における想像力

†動物倫理

野矢茂樹編著『子どもの難問――哲学者の先生、教えてください!』は、日本を代表する哲学者たちが小学生向けに「哲学的」問題に答えるという企画を本にしたものである。この本の「人間は動物の中で特別なの?」という問いを扱った回には、一ノ瀬正樹と伊勢田哲治(一九六八―)という二人の哲学者が回答を寄せている。

一ノ瀬はイギリス経験論や、現在、英語圏の主流の哲学的潮流である分析哲学を背景とし、認識論や形而上学、そして死刑存廃論や原発問題など幅広い分野に研究を展開している哲学者である。他方、伊勢田もまた分析哲学をその背景とし、認識論や科学哲学、倫理学などの分野で日本の哲学研究をリードする哲学者である。

伊勢田の回答を先に見てみよう。伊勢田はまずこの問いを次のように整理しなおす。

人間が今の社会で特別扱いされているのは間違いない。「人権」が認められるのは人間だけだ。人権には、生きる権利、思ったことを表現する権利、政治に参加する権利など、いろいろなものが含まれるけれども、人間以外のものはこの権利を持たないとされている。この意味で人間は特別だ。でもこの答えは質問にちゃんと答えていない。「人間は特別なの？」っていう質問は、実際に特別扱いされているかどうかが聞きたいのではなく、その特別扱いにちゃんとした根拠があるかどうか知りたいのだろう。（伊勢田 二〇一三、五二頁）

伊勢田が問いとして掲げているのは、人間にのみ権利を認めている現行の社会の実践を正当化する一般的な根拠があるのかという問いである。伊勢田はそのような根拠の候補として、進化論、人間の持つ言語能力、尊厳の観念などを検討し、これらはそのような根拠とはならないだろうと論じている（伊勢田 二〇一三、五二―五四頁）。

これに対し一ノ瀬は、人間は自分たちは知性を持っている点で特別にすぐれている、人間は「万物の霊長」である、というように自分たちの価値基準に基づいて言うけれども果たしてそうだろうかと疑問を呈する（一ノ瀬 二〇一三、四九―五〇頁）。そして続けて次のように言う。

それどころか、人間のしてきたことを振り返ると（戦争、環境破壊など）、動物の方が道徳的に優れているとさえ思いたくなる。そのときそのときをシンプルに生き、いさぎよく死んでいく。「高潔」という言葉で表現したくなる、動物たちの生き方。こういう視点から、動物もそれぞれ特別な、尊重されるべき価値を持っていると考える哲学者たちもいる。

そういう哲学者は、「動物のお肉を食べる」という、ごくふつうの行為にさえ疑問を投げかける。それは道徳に反するのではないか、と。なぜなら、動物のお肉を食べるためには、私たち人間が動物を殺さなければならないからだ。日本人はあまりそうは考えないけれど、「食べる」ことは実は道徳に深く関わっていると考えられている。いろいろと議論はあるけれど、少なくとも、人間は「万物の霊長」というのは、もしかしたら相当に手前勝手な言い分かもしれない、と想像するのは、ものを深く考えるためのよいきっかけになるかもね。（一ノ瀬 二〇一三、五〇―五一頁）

この二つの文章はそれぞれ三ページの短い文章であり、二人の哲学者が動物をめぐる倫理学のコアと考える事柄のみに触れていると考えることができる。そしてそのために、これらの文章は、この二人の哲学者の倫理学へのアプローチの違いを鮮やかに示している。

伊勢田のアプローチは、通常の（メインストリームの）分析哲学者のアプローチだと言うことができる。このアプローチを大雑把に特徴づけるならば、我々の倫理的実践や主張を支える一般的な根拠を検討するというものである。すなわち、伊勢田は「権利を人間に限定するという実践を正当化する一般的な根拠は存在するのか」と問い、人間が他の動物と比べて高度に進化した種に属するということ、人間が高度な言語能力を持つことといった考慮は、そのような根拠となりえないと論じるのである（実際、伊勢田は自身の著書においては、より体系的にその問いを議論している（伊勢田 二〇〇八））。

これに対して、先の文章において一ノ瀬は「一般的な根拠を示して我々の実践を正当化できるかどうか」という問いに興味を示していない。少なくとも、一ノ瀬にとってその問いは動物に関わる倫理学のコアにある問いではないのである。一ノ瀬が行うのは、動物たちに目を向けるよう促すことである。「人間が特別だなんていう感覚は思い込みかもしれない。ほら、動物たちの生き方を見てごらん」というわけである。

前章までは、道徳的思考においては想像力が重要な役割を果たすと論じ、その例としてプラトンの『クリトン』を参照してきたが、ここでは現代に目を向け、一ノ瀬の議論を想像力を働かす道徳的思考の例として検討する。特に、一ノ瀬の動物倫理についての論考を吟味し、それらが読者の想像力に訴え、その物の見方の転換を促すことをもくろんでいると論じる。

†パーソンとしての動物――一ノ瀬の議論のアウトライン

ここで検討したいのは、動物たちに対して高いパーソン性を認めるべきだ、という一ノ瀬の主張である。「パーソン」とは、英語の"person"をカタカナにした語だが、これは「人間（human）」とは異なる。「人間」が「ホモ・サピエンス」という生物学的分類を表記する語であるのに対して、「パーソン」は生物学的分類を表す語ではない。それは、大雑把には自由な行為主体というような意味を持つ。「人格」や「責任主体」と訳されることも多い。したがって、例えば「脳死状態の人間は、パーソンなのだろうか」という問いを有意味に立てることができる。すなわち、「脳死状態の人間は人間だとしても、パーソンとは言えないのだから、特別の道徳的配慮は不要であり、その身体から臓器を取り出すことは許される」という主張を――賛否はともかくとして――考えることができる。

一ノ瀬は、動物たちは人間ではないとしても、高いパーソン性を認めることができる存在だと論じる。まずはその議論の大枠を見ておこう（以下の議論は一ノ瀬（二〇一九）の第七章に基づく）。

一ノ瀬の主張はまず、「①典型的な人間は声を上げるという能力に基づき、十全なパーソン性を帰属される」という主張から始めることができる。一ノ瀬は、この主張に基づき、“person”という語には「人格」ではなく、「声主《こえぬし》」という訳語を当てるべきだと提案している。すなわち、通常の能力を示す普通の大人が持つ「声を上げる」という性質こそが、パーソンをパーソンたらしめている性質なのだというのである。

次に一ノ瀬は、「②パーソン性は0か1かで判定されるものではなく、度合いを持つ」とする。一ノ瀬によると、我々は現にパーソン性を度合いを持つものとして理解している。環境破壊を問題とする際に植物や河川などの自然物なども「うっすらと」尊厳性や生命性を持つ存在として表象されうる。また、裁判などの際に精神障害者、心身喪失者、心身耗弱者などは責任能力を割り引くということが行われている。そして、これらの事態は、我々が、一定の度合いでパーソン性を持つ主体として、それらの存在者を理解しているということを示している。このように一ノ瀬は考える。

では、存在者のパーソン度とはどのようにして決定されるのであろうか。一ノ瀬の提案

①典型的な人間は声を上げるという能力に基づき、十全なパーソン性を帰属される。
②パーソン性は0か1かで判定されるものではなく、度合いを持つ。
③典型的な人間が示す、声を上げるという能力と類似の能力を示す程度に応じて主体のパーソン度は決定される。
④多くの動物は典型的な人間が持つ声を上げる能力と非常に高い程度で類似した能力を持つ。
ゆえに、⑤多くの動物は高いパーソン性を持つ。

表1　一ノ瀬の議論の骨子

はやや込み入っているが、その発想をまとめると、ようするに人間の典型的な苦痛への反応を基準として、それとの類似性を科学的知見に基づき計測していく、というものである。すなわち、人間が苦痛に声を上げている場合と類似の反応を動物が示す限りにおいて、動物にもパーソン性を割り当てることができるというのである。したがって、ここでの一ノ瀬の主張は、「③典型的な人間が示す、声を上げるという能力と類似の能力を示す程度に応じて主体のパーソン度は決定される」という主張として要約することができるであろう。

そして、一ノ瀬は「④多くの動物は典型的な人間が持つ声を上げる能力と非常に高い程度で類似した能力を持つ」と考える。そしてそこから、「⑤多くの動物は高いパーソン性を持つ」と結論づける。一ノ瀬によると、動物たちはまさしく声を上げるという点において「声主」、すなわち、「パーソン」なのである（表1）。

一ノ瀬の議論の大枠が以上のようなものだとして、⑤の結論を導く、①〜④の主張を支える論証はどのようなものであろうか。ここでは一ノ瀬倫理学を標準的な主流の分析哲学の論証により構成されたものと見る読み方——「標準的な読み」と呼ぶこととする——と本章において提示する読み方の対比を明らかにするために、「①典型的な人間は声を上げるという能力に基づき、十全なパーソン性を帰属される」という主張を支持する論証に注目することとする。主張①を支持する一ノ瀬の論証は複数存在するが、ここではその中でも中心的なものである「ロックに基づく論証」を検討していこう。

†ロックに基づく論証

この論証において一ノ瀬は、近代的なパーソン概念を規定した哲学者ジョン・ロック（一六三二—一七〇四）の議論に注目する。ロックはパーソンの同一性の根拠を意識（consciousness）に求める議論を展開したことで知られている（Locke 1975, 2. 27. 10）。ロックの議論を少し丁寧に説明しておこう。

いま私のパーソンの同一性について考えてみる。例えば、今から三〇年以上前、小学生の私と今の私が同じ人、同一のパーソンであるとなぜ言えるのだろうか。小学生のころの私と今の私には様々な違いがある。身長も伸びたし、考え方も変わった。小学生のころは哲学書を読むなどということは思いつきもしなかったが、今ではそれが日常である。逆に、そのころは歴史小説に夢中だったが、今ではあまり読むこともなくなった。このような様々な変化にもかかわらず、小学生の私が、まったくの他人ではなく、まさに小学生のころの私だと言えるのはなぜだろうか。すなわち、小学生の私と今の私が同じ人格、パーソンであるとはどういうことだろうか。これがパーソンの同一性の問題である。

ロックはパーソンの同一性の根拠を「意識」に求める。ロックによると、小学生の私と今の私が同じパーソンだと言えるのは、そこにおいて意識が連続しているからである。小学生の私と今の私には、身体的にはほとんど共通のものはない。私の身体は日々、新陳代謝を繰り返していて、小学生の私を構成していた細胞はもはや一つも残っていないだろう。ロックに言わせると、小学生の私と今の私をつなげるものは、身体的なものではなく、意識が連続しているという事実である。

例えば、私は小学生の私が見たり感じたりしたことを思い出すことができる。そしてそれが可能なのは、意識が小学生から今に至るまで連続しているからであり、この意識の連続性が小学生の私と今の私を同じ人、同じパーソンたらしめている。このようにロックは考える。

ところで、誰かが意識を持つかどうかはどのようにしてわかるのだろうか。我々は他人の意識の世界を直接のぞきこめるわけではない。我々が認識できるのは、あくまで他人の身体や振舞いだけである。このように考えると、意識の有無は本人の視点、一人称の視点からしか考えることができない、ということになりそうである。

ところが、一ノ瀬はそのような（通常の）ロック解釈に反対し、意識の有無を決定するのは人々が声をかけあいながら当人の声（言い分）を吟味する、いわば三人称的な実践だと論じる（一ノ瀬 二〇一九、三〇五―三〇六頁）。どういうことだろうか。

一ノ瀬が注目するのは、パーソンとは法廷用語であるという以下のロックの主張である。

人格人というのは、この自分に対する名まえである、私はそう取る。およそ人間が自分自身と呼ぶものを見いだすところには、そこに同じ人格人があると他の人は言えよう、私はそう考える。人格人は、行動とその功罪に充当する法廷専門語である。したがって、人格人は、法および幸不幸の可能な知能ある行動者だけに属する。（Locke 1975, 2. 27. 26）

古い訳なのでちょっとわかりにくいかもしれないが、「人格人」と訳されているのは"Person"であり、つまり「パーソン」である。一ノ瀬によると、ロック的観点においては「パーソン」とは法廷用語であり、パーソンの根拠とされる意識も当人の声を裁判官などの第三者が吟味しつつ確定していくものなのだというのである。

このように、一ノ瀬によると、近代的なパーソン概念の始点に位置するロックの議論において、パーソンとは声を上げるものとして捉えられている。パーソンとは「声主《こえぬし》」であり、パーソン性の根拠は声を上げるという能力に基づく、というのである。

ここで一ノ瀬の論証を少し形式的に整理してみよう。

(ロックに基づく論証)

(i)ロック哲学において、典型的な人間は声を上げるという能力に基づき、十全なパーソン性を帰属される、とされている。

(ii)ロック哲学のパーソン理解は近代以降のパーソン概念の標準を与える。

ゆえに、(iii)近代以降のパーソン概念の標準に従うと、典型的な人間は声を上げるという能力に基づき、十全なパーソン性を帰属される。
(iv)現代における「パーソン」という語の使用は、近代以降のパーソン概念の標準に従っている。
ゆえに、(v)現代において、典型的な人間は声を上げるという能力に基づき、十全なパーソン性を帰属される。

†標準的な読みとその問題点①——「声を上げる能力」の多義性

ここで標準的な読みに従った場合、これらの論証はどのように理解されることになるか考えてみよう。標準的な読みとは、一ノ瀬の議論に道徳的主張を正当化する一般的な論証を探す読み方であった。したがって、標準的な読み方に従うと、一ノ瀬の議論のポイントは、「ロックに基づく論証」のような形式の論証を与えることに尽きるということになる。すなわち、このような論証のステップを踏んでいくことで、もしそれらのステップが妥当であれば、誰でも結論へとたどり着けるような論証を与えることが一ノ瀬の議論のポイントであるとされるのである。いわば、「理性のエスカレーター」(Singer 2011b, p. 88)に乗せて、読者を結論まで運ぶことを一ノ瀬は目指している。標準的な読みにおいては、このように考えられる。

さて、標準的な読みに従って、一ノ瀬の議論のポイントが先のような論証を与えることに尽きると考えると二つの問題が生じる。第一の問題は、このように再構成した場合、これらの論証はあまりに弱いということである。すなわち、これらの論証および②〜④の主張から「⑤多くの動物は高いパーソン性を持つ」という我々の社会の共通理解を覆すような強力な結論を導けるとなぜ信じられるのか疑問に思えてしまうのである。

「ロックに基づく論証」を検討してみよう。ここでは一ノ瀬のロック理解が正しいとして議論を進めることにする。すると問題は、一ノ瀬の提示するロック的なパーソン理解は、むしろ、動物をパーソンと呼ぶことを支持しないように思われるということにある。

先に見たように、一ノ瀬はパーソンを「法廷用語」だとするロックの主張を重視し、法廷において声を上げるという行為に、パーソン性の典型を見ている。だが、法廷で声を上げるとは何をすることだろうか。それは一ノ瀬自身も認める通り、自分の権利を「主張」することであろう(一ノ瀬 二〇一五b、六五頁、一ノ瀬 一九九七、二四八頁)。すなわち、権利の確保を目指して自分の主張を根拠づけていくことこそが、そこでの「声を上げる」という行為なのである。

ところが、「主張」は単に叫ぶことと異なり、独自の規範に支配されている。特に法廷において何かを主張する際には、自分の主張が正しいということについて、何らかの理由を示す用意がなければならないはずである。例えば、何かの所有権を主張する場面を考えたとしても、法廷では単に「それは私のものだ！」と叫ぶだけでなく、自己の所有権を証明する何らかの証拠を提示することが求められるはずである。

したがって、一ノ瀬の解釈に従った場合、ロック的なパーソンとは、自分の主張を正当化する理由を持つ者、すなわち理性的存在者として理解されることになる。実際、先の引用箇所においてロックは「人格人は、法および幸不幸の可能な知能ある行動者だけに属する」と述べており、パーソンに法律を認識する理性を要求している。

そしてそうであるならば、ロック的な論証から「④多くの動物は典型的な人間が持つ声を上げる能力と非常に高い程度で類似した能力を持つ」という主張を経由して、「⑤多くの動物は高いパーソン性を持つ」という結論に至ることはできないように思われる。というのも、多くの動物たちは理由による正当化というような高度なコミュニケーション実践には参加できず、典型的な人間と「声を上げる能力」という点において非常に異なっているように思われるのである（興味深いことに、一ノ瀬自身も一九九七年の段階では、法や道徳に対する同意という実践に参加できないという理由で、ロック的パーソン論に依拠すると、犬は人格とは認められないとしている（一ノ瀬 一九九七、一八六―一八七頁）。

このように、標準的な読みに従って、一ノ瀬の議論が先のような論証に尽きると考えるならば、その議論はあまりに弱いものと見えてしまう。これが標準的な読みの第一の問題である。

†標準的な読みとその問題点②――パーソンにこだわる理由

次に第二の問題を見てみよう。第二の問題は、一ノ瀬が動物倫理において、パーソンという概念にこだわる理由が必ずしも明らかにならないというものである。確かに、パーソンは一ノ瀬哲学のキーワードであり、道徳的主体、認識主体としてパーソンは一ノ瀬の理論哲学、実践哲学における考察の中心に位置する。しかし、動物倫理において、動物たちを「パーソン」と呼ぶことの緊急性はどこにあるのだろうか。先に見たように、一ノ瀬は動物たちのパーソン性を測定する方法を提案する際に、苦痛の訴えを問題としている。だが、単に動物たちの苦痛を道徳的配慮の対象とすべきだということを主張したいのであれば、動物たちを「パーソン」と呼ぶことは必ずしも必要ではない。

実際、動物の苦痛に重大な関心を示す論者たちの多くは、動物たちがパーソンと呼ばれうるかどうかと、動物たちが道徳的配慮の対象となるべきかどうかという問いを切り離して考えている。それらの論者によると、動物が道徳的配慮の対象となるのは、動物が感覚を持ち、自分自身の利害関心を持つ存在だからであり、パーソンだからではない（DeGrazia 2006, Korsgaard 2013, Singer 2011a, pp. 120-121, 邦訳一六一—一六二頁）。（ここで動物をパーソンに分類することで、動物を人間の所有物となりうるものから明確に区別するという意味がある、と論じられるかもしれない（cf. Francione 2000）。しかし、その議論の妥当性を認めるとしても、一ノ瀬自身の議論はパーソンに度合いを認め、植物などにもパーソン性を認める点で、そのような議論とは異なる方向へと向かっているように思われる。）

動物たちの苦痛が問題なのであれば、動物たちはパーソンであるという主張を経由せずに、動物たちが道徳的配慮の対象となるべきだと主張するほうが、理論的負荷も少なく、また自然な道であるようにも思われるのである。だが、そうだとすると、一ノ瀬が動物たちにパーソン性を帰属することにこだわる理由は何なのであろうか。この点は標準的な読み方をしている限り、明らかにならないのである。

†類似性が存在しないと思われるところに類似性を見て取ること

ここまで標準的な読み方の問題点を見てきた。これに対して、私が提示する読み方は、一ノ瀬倫理学のコアは我々の想像力を刺激することで、まったく違うと思われるものどうしの間に類似性を見て取るように促すところにある、というものである。すなわち、一ノ瀬は単に一般的考慮に基づき、「⑤多くの動物は高いパーソン性を持つ」という結論を正当化しようとしているわけではなく、より多様な方法により、人間と動物の間にパーソン性という点で類似性を見て取るように読者を促しているのである。

このように言うことは、一ノ瀬の議論において①〜⑤の論証や、それを支える「ロックに基づく論証」がまったく役割を果たしていないと言うことではない。そうではなく、ポイントは一ノ瀬の道徳的思考がこれらの論証によって尽くされると考えるならば、我々は一ノ瀬の議論において何が起こっているのかをまったく見落とすことになってしまうということにある。

このポイントを見て取るために、まずは「ロックに基づく論証」に再度注目してみよう。この論証に関して、標準的な読み方に従った場合に生じる問題は、ロック的に把握されたパーソンが持つ「声を上げる能力」と動物たちの持つ「声を上げる能力」は大きく異なるように見えるため、結論⑤を導くに当たって、「④多くの動物は典型的な人間が持つ声を上げる能力と非常に高い程度で類似した能力を持つ」という主張を経由できないということにあった。すなわち、ロック的なパーソンが自己の主張を正当化する理由を述べる能力を持つという意味で「声を上げる者」であるのに対し、多くの動物たちはそのような高度な能力を欠くように思われるということが問題なのであった。

これに対しここでは、一ノ瀬の議論は、この場合のように、まさに類似性が存在しないと思われるところに類似性を見て取るよう読者に促すところにポイントがあると考える。すなわち、動物たちの叫び声を何らかの主張をしていると見るように我々の想像力を刺激することに一ノ瀬哲学のコアが存すると考えられるのである。もちろん、このように言うからといって、一ノ瀬に従うと動物たちが自らの主張を正当化する高度な言語実践に携わっていると見ることができるというわけではない。そうではなく、一ノ瀬が促すのは、動物たちの叫び声を我々の主張と十分に類似したものと見ること、それが我々の応答を要求するような主張の類似物であり、動物たちは少なくともそのような「主張」を行う正当な立場に立っていると考えること、そしてそのため、動物たちの「主張」を無視するならば我々は人間の正当な権利主張を踏みにじっているのと類似の仕方で動物たちに不正を加えていると見なすこと、である。

これが「想像力」に関わるのは、問題となっている類似性がちょっと注意深くなれば誰でも見て取れるようなものではないからである。例えば二人の人が姉妹だと指摘され、「言われてみれば確かに目の形が似ている！」と気づくというようなケースと、一ノ瀬が目を向けさせようとしている類似性が問題となるケースは大きく異なる。前者では、いわば通常の言語ゲームに習熟している人であれば誰でも容易に至れる「気づき」が扱われているのに対し、後者ではむしろ通常の言語ゲームに位置を持たない類似性が問題なのである。すなわち、「動物たちの叫び声が法廷での主張と似ている」と主張されたとしても、「法廷での主張は、主張を正当化する理由を示す用意がなければならないといった規範に支配されているのだから、そのような規範に服さない動物たちの叫び声は法廷での主張とは似ても似つかないものだ」と通常の言語ゲームでは応答されてしまうのである。したがって、一ノ瀬が促す気づきは、通常の言語ゲームを習得していれば誰でも認識できる「そこにある」類似性ではなく、新しい言語ゲーム、新しい物の見方の可能性へと我々を導くことを試みるようなものなのである。動物たちの叫び声を法廷での主張と十分に類似したものとして扱う生活のあり方を想像させることが、一ノ瀬の議論のポイントなのだ（cf. Diamond 1981, pp. 348–353）。

†想像力を刺激する

我々の想像力を刺激する一ノ瀬の方法は、一ノ瀬自身が動物たちの叫びに応答するというものである。すなわち、動物たちをパーソンとして見る生活のあり方が可能であることを一ノ瀬自身が身をもって示すことで、実際にそのような物の見方に導かれて生きることがどういうことであるかを明らかにしようと一ノ瀬は試みているのである。

一ノ瀬の著作に現れる動物たちの叫びへの応答は、大雑把に言って二種類に分けられる。第一のものは、特定の動物の個体への応答である。例えば、その第七章で動物倫理の問題を論じている『死の所有』のまえがきにおいて、一ノ瀬は愛犬牛若との死に至る四カ月余りのエピソードを述べている。そこで一ノ瀬は、その介護のために休職してもいいと思いつめるほど情愛を持って牛若の介護に手を尽くしたさまを語っている（一ノ瀬 二〇一九、xii―xv頁）。すべて引用すると長くなるので、牛若の最期を記述した箇所だけ引用しておこう。

一〇月二六日から彼は突然食欲が細り、まったく動けないような状態になった。手足を動かせど、一切立ち上がれない。そして、一〇月二七日、私は書斎にいて、牛若のいる隣の部屋から奇妙な音がするのに気づいた。牛若が鳴いていたのである。その数日前、牛若の声をしばらく聞いてないなと家族と話していたのだが、それに応えるかのように、牛若は二ヵ月ぶりぐらいに声を出したのである。この時点では、私は、愚かなことだが、牛若の回復可能性をまだ少し信じていたのである。だが、必然は曲げられない。翌一〇月二八日、朝起きてみると、牛若はほとんど虫の息だった。もはや止められない。さまざまな自責の念、離別への恐怖。青白い感覚がべっとりとまとわりつく。私はその日出勤したが、今日だ、と覚悟していた。昼食を取っているとき、妻から電話があった。「いま牛若がなくなった」と。手足をゆっくり動かしながら、止まり、そのまま逝ったというのである。世界の風景が一変した。その日の本務校での演習で、私は何をしゃべったか、あまり記憶にない。強く印象に残っているのは、この一匹の小さな柴犬のことを、私は、自分でも信じられないほど深くかわいがっていたということを、自分ではじめて気づいたという悲しく切ない自覚であった。こう

して、すべては終わり、静寂が訪れた。（一ノ瀬 二〇一九、xiv頁）

この非常に印象的で、感動的とも言えるまえがきは、一ノ瀬が牛若をパーソンとして扱い、牛若の声に応答しているさまを描いていると言うことができる。あるいは、動物倫理論を扱った論文「断章　いのちは切なし――人と動物のはざま」も、一ノ瀬のもう一匹の愛犬しずかとの最後の日々の記述から開始されている（一ノ瀬 二〇一五b、四六―四八頁）。これも一ノ瀬が、パーソンとしてのしずかと関わっているさまを描こうとしたものとして理解できる。哲学的著作の冒頭に置かれているこれらの語りは、標準的な読み方に従うならば不必要な主観的物語の挿入とも見えてしまうであろう。しかし、そうではなく、これらは動物たちの叫びに応答する生活のあり方を想像可能とさせるための語りであり、より「哲学的」な本論と合わせて読まれるべきものなのである。というのも、これらの語りに注意を向けることで、読者は一ノ瀬の「哲学的論証」が機能する可能性に初めて気づくことができるからである。

†現実に狼狽すること

動物たちの叫びに応答する第二の方法は、動物たちと人間の関係の現実のあり方に率直に狼狽《ろうばい》を示すというものである。我々の多くが動物たちの叫びに応答せず、動物を自分たちのために利用し続けていること、そしてそのことに多少の問題を感じたとしても、結局のところ折り合いをつけて生きているということ、このことを一ノ瀬は受け入れがたいと感じ、そのような現実に対し感じる狼狽を率直に示す。そのように狼狽を率直に示すことが、一ノ瀬にとっては動物たちの叫びに応答することなのである。

例えば、一ノ瀬は動物の権利確立の訴えが少しずつ進められるべきだと主張した後に、その主張はその権利が完全に確立される以前には人間が動物利用の恩恵を受けることを認めている点で欺瞞的であると述べ、次のように続ける。

一体、人間というのは何なのだろうか。悪いことだと分かっていながら、し続ける。原理原則は分かっていても、なかなか実行できない。ある教養ある婦人と話をしたとき、肉食について話題が及ぶと、ご婦人は「道徳的に止めた方がいいのは分かっているけれども、小さい頃からの習慣なのでなかなか難しいですね」と述べて、肉料理を食べ続けた。これはどのように理解したらいいのだろうか。食べない、という行為はいくらでも実行可能ではないか。日本人は、何となく過ぎてゆく日常が何よりの基盤であって、原理原則に従って現状や習慣を変更する、という行為がどうしても苦手な国民なのだろうか。けれども、そのように感じた私自身、たとえ肉食に対して意識的であったとしても、動物実験の恩恵を陰に陽に受け続けている。耐え難い矛盾性を私自身感じる。厭世、人間嫌い、罪の意識。そうした言葉が浮かぶ。正直、自分を正当化することはできないと言わざるをえない。(一ノ瀬 二〇一九、三二六頁)

この引用箇所での一ノ瀬の言葉は学術的なスタイルから逸脱気味である。一ノ瀬は、現実は少しずつ変化させるしかないと考え、そのように主張しもする。だが、その現実をまた受け入れがたいと感じ、そのことへの狼狽を率直に示す。一ノ瀬にとっては「現実をすぐに変えることはできないのだから、動物実験を経た製品を利用することを完全に拒絶することは誰にとっても不可能だ」というような正当化は動物たちの叫びを無視することなのである。一ノ瀬にとって、我々の動物利用が続いているという現実の前に狼狽し続けることが、動物たちの叫びに応答することなのである。そして、そのようにしてのみ動物たちの叫びに応答する生活のあり方を示すことができると考えられているのである。

†関連する一ノ瀬の議論

ここまでは一ノ瀬の議論が、動物たちの叫びに応答するという方法により、読者の想像力を刺激することを目指すものであると論じた。次に、このような読み方が一ノ瀬の諸著作によって支持されるということを確認しておきたい。

この章で提起した読み方が支持される理由はまず、この読み方に従えば、標準的な読み方で生じてくるような問題が生じないということにある。標準的な読み方の問題は、一ノ瀬の哲学的論証が非常に弱いものと思われてしまうということと、一ノ瀬が動物たちをパーソンと呼ぶことにこだわる理由が不明確であるということにあった。

前者の問題に関して言えば、いまや本章が提起する読み方のメリットは明らかであるように思われる。「ロックに基づく論証」の「弱さ」のポイントは、典型的な人間の声を上げる能力と動物たちの声を上げる能力は類似性を欠くため、これらの論証に従う限り、「④多くの動物は典型的な人間が持つ声を上げる能力と非常に高い程度で類似した能力を持つ」という主張を受け入れることが難しく思われるということにあった。しかし、ここでの読み方に従うならば一ノ瀬の議論のポイントはまさに、普通は類似性が存在しないと思われるところに類似性を見て取るように我々の物の見方の転換を促す、というところにあるのであった。そのような物の見方の可能性に気づくように我々の想像力を刺激する試みとセットで見たときに初めて、一ノ瀬の論証が機能する可能性に読者は気づかされるのである。一ノ瀬の論証が弱く見えるのは、それらの論証が単独で働いており、一ノ瀬の道徳的思考のポイントがそのような論証を与えることに尽きると考えることによる。したがって、この章の読み方に従うならば、このような問題は生じないのである。

次に一ノ瀬が動物たちを「パーソン」と呼ぶことにこだわる理由を考えてみよう。本章の読み方に従うならば、一ノ瀬のこだわりも理解可能となる。先に見たような一ノ瀬自身の動物たちへの応答から見えてくるのは、一ノ瀬が動物たちを我々人間の仲間、同胞として見る物の見方を与えようとしているということである。すなわち、愛犬牛若やしずかがそうであったように、一ノ瀬にとっては動物たちは我々がいわば「上から目線」(一ノ瀬二〇一五a、四九頁)で我々による利用が許される限界を線引きしてよい対象ではなく、ともに生きる同胞なのである。このため、一ノ瀬は単に権利を付与することではなく、人間と同じカテゴリーで動物たちをくることにこだわっていると考えられる。このように考えるならば、動物たちを「パーソン」と呼ぶことが一ノ瀬にとって重大な意味を持つことは理解可能となる。動物たちを「パーソン」と呼ぶことは、一ノ瀬が提起する物の見方の重要な一部なのである（cf. Diamond 1978）。

このように本章での読み方に従うならば、標準的な読み方に従った場合に生じるような問題は生じない。このことに加えて、一ノ瀬の諸著作に見られる特徴を統一的に理解できるという点によっても、この読み方は支持される。

それは、先に見たように、一ノ瀬自身の主観的で、やや感情的とも見えるコメントが、哲学的議論の中に挿入されるという特徴である。標準的な読み方に従うならば、このような挿入は、一般的な考慮の妥当性のみに集中すべき哲学的議論においては余分なもの、あるいは、許容可能かもしれないが、やや不適切な主観的なコメント、と思われるであろう。しかし、これも先に見たように、これらの挿入は余分で不適切なコメントなどではない。これらは一ノ瀬が示す狼狽という形での動物たちの叫びへの応答であると見ることができる。それは我々の想像力を刺激する一ノ瀬の方法の重要な一部として理解可能なのである。このように、一ノ瀬の著作に挿入されるコメントをも統一的に理解できるという点によっても、本章の読み方は支持されるであろう。

†動物たちの叫びに応答すること

ここで、この章の冒頭に引いた伊勢田の分析哲学的アプローチと一ノ瀬の議論を比較してみよう。伊勢田は人間のみに権利を認める我々のやり方を正当化する根拠は存在するのか、と問い、その問いを議論していた。そこで問題となっているのは、我々の持つ信念体系がどれほど整合的なのか、ということである。すなわち、人間どうしの関係において、我々は多かれ少なかれ権利や平等な配慮といった観念の重要性にコミットしている。そして、権利や平等な配慮の対象から動物たちを排除しているということに気がついたとき、我々は自らのコミットメントを十分に一般的に適用しているのか、という問いが生じてくる。そこで分析哲学的アプローチは、我々のやり方は正当化されるのかを問うのである。

この問いの考察に向かうと、それは次のような二つの特徴を持ちうる。一つは、人間と動物の道徳的地位をめぐる様々な区別が、重要な議論のポイントとなるということである。すなわち、自分のコミットメントの帰結がどのようなものであるかを見定めることが問題となるので、厳密に言って何が許されるのかを知るということが大きな関心の対象となりうるのである。

例えば、そこでは死の観念を理解できない動物を苦痛なしに殺して食べるのであれば、その行為は道徳的に許容されるかもしれない、というようなことが議論される（e. g. Singer 2011a, chap. 5）。人間と動物の間に絶対的な線引きをすることに根拠はない。だが、何の区別もないということはないだろう。例えば人間にとって死が問題となる大きな理由は自分の存在が無になるということへの恐怖であろう。しかし、動物はそのような抽象的な事態に対する恐怖を持つことはできない。したがって、肉食の問題は動物を殺すこと自体ではなく、工場畜産や動物を殺す際に生じる動物の苦痛である。このため、苦痛なしに動物を飼育し殺すことが可能であれば、肉食自体は道徳的に許されるかもしれない。分析哲学的アプローチではこのような議論がなされるのである。

もう一つの特徴は、現状の社会を前提とした場合、徹底的な変革を行わないことに対し、一定のエクスキューズがあると思われるというものである。すなわち、たとえ我々のコミットメントと両立しないとしても、動物利用を当然とする社会で育ち、生きているからには、ただちにすべてを変えることは難しく、ある程度の動物利用は仕方がないと考えられるのである。理屈としては動物利用が許されないと考えるとしても、断固としてその理屈に従うことがいつも可能とは限らない。したがって、徐々に変えるということで道徳的に十分だと言われうるのである（伊勢田 二〇〇八、三二五頁参照）。

このような特徴は、一ノ瀬には動物たちの叫びを無視しているものと思われるであろう。一ノ瀬にとっては、動物たちは同胞であり、そこでまさに声を上げている存在である。動物たちが死の観念を持たないからといって、例えば同胞を殺し、食べるということができるだろうか。このように考えられるのである。

ここにはコーラ・ダイアモンドが「現実の難しさ」と呼んだ事態が現れている（Diamond 2003）。「現実の難しさ」とは、大雑把に言うと、通常の言語ゲームにより現実について語ろうとすると、語ろうとしていた事柄から逸らされてしまう、という事態である。動物倫理に関して言うと、「権利」や「平等な配慮」といった概念に関わる通常の言語ゲームに従い、動物たちにどこまで配慮をすべきかとか、現状の社会を前提としたときに個々人にどこまでのことが道徳的に要求されるのかとかといった問題を考察していると、一ノ瀬には動物たちの叫びに突き動かされた当初の関心から逸らされてしまうように感じられるのである。

一ノ瀬の議論の意義は、自身を動物倫理へと向かわせた動物たちの叫びに応答し続けているという点にあると思われる。動物たちを同胞として見る物の見方を提示し、我々がそれでも動物たちを利用し続けているという現実に率直に狼狽を示し続けること。これが一ノ瀬の方法であり、そのような道徳的思考の可能性を示している点に一ノ瀬の議論の意義は存するのである。

†但し書き

さて、ここまで一ノ瀬の動物倫理についての議論を見ることで、想像力に訴える道徳的思考の現代的な事例を吟味してきた。最後にちょっと歯切れが悪くなるのだが、一点但し書きをつけ加えておきたい。

それはこの章の議論は、一ノ瀬の哲学における方法論を扱ったものであり、動物倫理を直接の主題としているわけではない、ということである。この章で私は動物倫理をめぐる多様な動きの中で一ノ瀬の議論が正しい道を示している、と論じているわけではない。そもそも、動物倫理における正しい道を論じることは本書の範囲外である。例えば、一ノ瀬の動物倫理論は基本的に人間と動物たちの間に類似性を見て取るように促すものであるが、そのような人間を中心に置き、それとの類似性により動物倫理を構想することに対しては批判もありうるだろう（井上 二〇二二、第四章参照）。私が行ったのはあくまで一ノ瀬の議論に道徳的思考のユニークな形を見いだすことであり、それ以上でもそれ以下でもない。

同様のことはこの章の議論だけでなく、例えば第1章におけるキングについての議論に関しても言える。そこで私は人種差別の問題に深く切り込むというよりは、キングの思考に現れている道徳的思考の特徴に焦点を当てている。

私のような議論の進め方には、呑気すぎるという批判もあるだろう。動物利用や人種差別に反対の声を上げる人たちの横に立ち、「ここにはかくかくの特徴を持った道徳的思考が現れている」と批評するのは、呑気で不真面目な態度ではないか。こう思われるかもしれない。

この批判に対して、私としては少し現場から離れたところで我々の行っていることを理解する営みにも意味がある、と主張したい。私の議論は人種差別や動物倫理の問題にただちにポジティブな帰結をもたらすものではないだろう。そして、それらの問題にはただちに何かをすることが求められてもいる。そのことは、私の議論が人種差別や動物倫理について考えるときに、第一に参照されるべき場所ではない、ということを示すかもしれないが、それが無意味だということを示すものではなく、私のようなやり方もまた許容されるであろう。

　というわけで、私としては動物倫理に真に関心を持つ人たちが、ここでの私の議論により動物倫理の主要な問題から逸らされてしまうことを決して願ってはいないということを明記したうえで、次の章に向かいたい。ここまでの主題が想像力であったのに対して、次の章の主題は感情である。

第5章

感情を信頼する

——道徳的思考と感情

†理性と想像力

第3章で紹介したマーク・ジョンソンの区分を思い出そう。ジョンソンは道徳的思考の要素として、理性、想像力、感情を挙げていた。これらのうち、ここまで私は道徳的思考における想像力の働きの重要性を強調してきた。

とはいえ、それは理性の働きを軽視するものではない。すなわち、私の論点は、「道徳的思考は理性によってではなく、想像力によって行われるのだ」というものではない。道徳的思考において理性が重要な役割を果たすということは、私も強調したいところである。

道徳的思考を行うことは、理性を用いた合理的探求に携わることである。そして、第1章でも論じたように、合理的探求に携わるとは主張を支える理由の吟味を行うことである。「当たり前」を問い直すような道徳的思考に携わるとき、我々は理由の吟味に携わるのである。

例えば、ソクラテスは自身の脱獄が不正であるという主張を支えるような理由を吟味している。また、前章で見た一ノ瀬も、「多くの動物は高いパーソン性を持つ」という自身の主張を支える理由の吟味に携わっている。論証の吟味に携わっている点で、彼らの道徳的思考は理性を用いた合理的探求である。

このように、私の論点は理性の役割を否定するものではない。私が主張してきたのは、論証の吟味にはその論証に登場する概念を明確にすることが重要であり、そのためには想像力を働かせて概念の内容を与える意味のネットワークを現出させることがときに重要となるということである。すなわち、想像力の働きがなければ、論証を構成する概念が明確にならず、その論証を適切に吟味することができない、というのが私のポイントである。理性と想像力は一体となって働くのであり、想像力があれば理性は不要だ、という話ではないのである。

†理性と感情

ここで、では感情はどうなのか、という疑問が当然出てくるだろう。道徳的思考に感情はどのように関わってくるのだろうか。感情は理性と対立するものだと思われがちである。我々は日常的にも「感情的にならずに理性的に考えよう」とか、「理性と感情の葛藤があった」とかというようなことを言う。このように理性と感情が対立するものだとすると、合理的探求としての道徳的思考は感情を排除して行われるべきだということになりそうである。

だが、話はそれほど簡単ではない。この後で見るように、理性と感情は簡単に切り離せるものではなく、両者を完全に対立するものとする捉え方は素朴すぎる。もちろん、ある種の感情は合理的探求の妨げとなる。例えば、自分の意見に反論されると怒り、むきになって怒鳴り散らすというような人と一緒に合理的探求を行うのは難しい。しかし、そのことはすべての感情が道徳的思考において排除されねばならないということをただちに意味するわけではないだろう。道徳的思考における感情の役割についてはさらに検討の余地が存在する。この章では感情の役割について踏み込んで検討することにしたい。

†レイチェルズ父子の見解

現代の哲学者たちはしばしば道徳的思考における感情の役割を低く見積もる。例えば、ジェームズ・レイチェルズとスチュアート・レイチェルズの父子は、定評のある倫理学の入門書において次のように述べる。

> ある問題について強い感情を懐くと、議論もせずに真理を知っていると思い込みやすい。でも残念ながら、いかに強かろうが感情に依拠するわけにはいかないのだ。われわれの感情は非合理なものかもしれない。それは偏見・利己性・文化条件の産物かもしれないのだ。（中略）
> だから真理を発見したいなら、極力、理性が感情を導くようにしなければならない。これが道徳の本質である。「道徳的に正しい」こととは「最もうまく議論によって支えられているもの」なのである。（Rachels & Rachels 2023, pp. 10–11, 邦訳一一頁。訳文を一部変更している）

我々の感情は偏見の産物かもしれない。また感情は人によって様々なので、感情だけで意見の対立に決着をつけることはできない。このような考えから、レイチェルズ父子は、道徳的思考を行う際には感情から距離を取り、理性を働かせるべきだ、とするのである。

ちょっと注意しておくと、レイチェルズ父子のような哲学者たちも我々が道徳的に望ましい感情を持つということを否定するわけではない。例えば、ある人が同僚に対する上司のハラスメントに憤りを感じて、それを止めさせるために行動するとき、その人の憤りという感情は道徳的に望ましいものであるということをレイチェルズ父子は否定する必要はない。しかし、感情はそれだけでは判断の適切さを保証できず、感情の適切さは最終的には論証によりチェックされねばならないと彼らは考える。少なくとも「当たり前」を問い直すような思考が求められる場面——熟慮が要求されるケース——では、感情には主張を正当化する力はないとされているのである。

†感情の正当性について

レイチェルズ父子のような立場は、現代の倫理学においては主流の立場である。しかし、それに対しては批判も存在する。例えば、アメリカの哲学者マーサ・ヌスバウム（一九四七—）は感情が論証による保証なしに、それだけで客観的な理由を提供するものとして道徳的なガイドとなりうると論じる。ヌスバウムによると、複雑な状況では、道徳的観点から見て重要な事柄を「論証」という形で表現できる保証はない。複雑な議論において、その問題に関わる人が「それでも受け入れられない」と涙を流しながら主張したとき、その主張を「それは論証ではない」と言って排除するのはむしろ不合理であるように思われる（Nussbaum 1990b, pp. 181-182）。

このようなヌスバウムの議論に対しては主流の哲学者たちからただちに反論が出てきそうである。その反論とは、ヌスバウムのように感情自体に理由としての力、すなわち、主張を正当化する力を認めると、明らかに不当な感情にも正当性を認めざるを得なくなり問題である、というものである。

具体例で考えてみよう。二〇一八年二月、東京メトロ千代田線の女性専用車両に三人の男性が居座ったという事件があった。男性たちは駅員の説得に応じず、列車の遅れが生じたという(『朝日新聞』二〇一八年二月一七日付夕刊)。この男性たちのグループは後日の取材に対して、女性専用車両は男性差別であると主張し、「自分は絶対に痴漢をしないのに」と憤りを表明したという(『朝日新聞』二〇一八年五月六日付朝刊)。

写真4　マーサ・ヌスバウム

もしもあらゆる感情に正当性を認めるのであれば、この男性たちの「女性専用車両により不当に扱われている」という憤りにも正当性を認めなければならないだろう。しかし、ここで倫理学者がまずなすべきは、その感情が正当かどうかを吟味することである。すると、例えば、女性専用車両は「乗車可能な車両の数」で考えると男性に不利な制度に見えるが、「痴漢の心配をせずに安心して乗車可能な車両の数」を考えると男性にとって不利な制度とは言えない、と論じることでそのような憤りは根拠を欠くと結論づけることができる。このように「電車に乗る権利」ではなく、「安心して電車に乗る権利」に注目することで、理性的議論は、「女性専用車両により不当に扱われている」という憤りの前提を問い直し、それが間違いだと示すことができる。このような議論なしにすべての感情を正当なものとして受け入れることは不適切であろう。このように反論されるのである。

この反論に対しては、非主流派の哲学者たちもすべての感情に正当性を認めるわけではない、と答えることができる。感情には、怒り、憤り、喜び、悲しみ、恐怖、嫌悪感など様々な種類があるが、非主流派の哲学者たちもそれらの中に不適切なものがあるということを認めうる。

例えば、ヌスバウムは社会通念に基づく嫌悪感はとりわけ法や政治に関わる場面では不適切だと論じている（Nussbaum 2004）。ヌスバウムによると、嫌悪感とは汚いものを忌み嫌う感情である。それが排泄物や悪臭を放つ物に向けられている限りでは、衛生上のメリットがあり、合理的でありうる。しかし、社会通念に基づいて、例えば同性愛者や被差別カーストの人たちに向けられると、嫌悪感は不適切なものとなる。

さらにヌスバウムは犯罪者に対してであっても、嫌悪感は不適切な感情であり、それを法に反映させるべきではない、と論じる。ヌスバウムによると、犯罪者に嫌悪感を持つとは、犯罪者を汚らしいもの、忌み嫌われるべきものだとし、犯罪を犯した人を見ないようにすることである。ヌスバウムは、この点で嫌悪感と憤りは決定的に異なると論じる。憤りの感情とは、不正により受けた害に対する反応であり、相手に対しその不正を正すよう働きかけるという動機と結びつく。その点で、憤りは害を与えた人を社会の一員として扱うものである。これに対して、嫌悪感は汚らしいものを遠ざけ、自分はきれいでいたいという願望——人間の弱さ、脆弱性から目を背けたいという願望——と結びついており、法や政治の場面で依拠すべきではない感情だというのである。

目下の論点にとって重要なのは、ヌスバウムの嫌悪感についての評価が正しいかどうかではなく、非主流の立場を採ったとしても、あらゆる感情に正当性を認める必要はない、ということにある。非主流派の哲学者も感情を吟味し、それが適切かどうかを議論することができるし、実際に議論しているのである。

この点は先の女性専用車両についての事例で問題になった憤りの感情についても同様である。ヌスバウムは嫌悪感とは異なり、憤りは法や政治の場面で正当性を持ちうると主張するが、このヌスバウムの主張を受け入れたとしても、あらゆる憤りの感情が正当性を持つと考える必要はない。

憤りを感じることとは、不当に害を加えられているという事実への反応であるが、実際にそのような事実が成立しているかどうかには吟味の余地がある。この点から言うと、先の女性専用車両に対する男性たちの憤りは正当性を欠くと考えることができる。というのも、男性たちは女性専用車両により不当な扱いを受けていると考えているが、その考えは吟味すれば妥当性を欠くと示すことができるからである。そして、この点を非主流派の哲学者たちも否定する必要はないのである。

†エリオットの症例

感情の役割についてさらに掘り下げてみよう。感情には理性的吟味のための選択肢を絞るという役割がある。

例えば、いま私が転職をするかどうかを検討しているとしよう。私の手元には二つのオファーが来ている。第一のものは昔の先輩からのオファーで、あまりおもしろそうな仕事ではない。給与も下がる。先輩は「ぜひ一緒にやろう！」と意気込んでいるが、私はこのオファーをただちに却下する。だいたい、私は昔からその先輩がちょっと苦手だったのだ。

これに対して、第二のオファーは魅力的に見える。給与が上がるし、やりがいのある職務を任されることになりそうだ。しかし、新しい職場で人間関係をうまく築けるかどうかは未知数である。いまの職場はとても居心地がいいが、これを手放して後悔しないだろうか。また、転職先の職場はかなり自宅から遠い。では、引っ越すか？　しかし、その場合は子どもたちに転校を強いることになるし、妻の職場も遠くなる。そもそも新しい家を探したり、荷物を段ボールにつめたりといった作業について考えるだけでうんざりする。引っ越しは却下だ。

このように、理性的吟味の際、我々は無数のシナリオとサブシナリオに対して多かれ少なかれ感情的反応を示す。いくつかの選択肢については、感情的にただちに却下されるだろう。そして、それにより選択肢が絞られる。

もしもこのような感情の働きがなければ、我々は無数のシナリオのコストと利益について延々と計算し続けることになってしまうだろう。そして、作業記憶（ワーキングメモリ）

の容量の限界により、そのような計算のどこかで間違えて不合理な選択をしてしまうはずである。

神経科学者のアントニオ・ダマシオはそのような患者の事例を報告している（Damasio 1994, chap. 3)。「エリオット」と仮名で呼ばれているその患者は、職業的にも社会的にも成功したビジネスパーソンで、家族にとってもよき夫であり、よき父であるという人物であった。しかし、脳腫瘍の摘出手術を行った後、人格が変わってしまい、まともな社会生活をおくることができなくなる。エリオットは合理的に意志決定をする能力を失ってしまったのである。ダマシオの説明を見てみよう。

ある作業を中断して別の作業に取りかからなければならないときも、彼はまるで肝心の目標を見失ったかのように、一つのことをしつづけた。かと思うと、それまでしていたことを中断し、そのとき関心を引いたことに取りかかった。たとえば、あるクライアントに関する書類を読んでそれらを分類する仕事があったとしよう。エリオットは書類を読み、その意味を完全に理解したし、内容の類似・相違に従って書類を分類する方法も確かに知っていた。問題はすでにはじめていた分類作業を突然放り出し、特定の書類を注意深く、そして知的に読みはじめ、そうやって丸一日をつぶしてしまう傾向があることだった。あるいは、どういう分類原則を使うべきか――日付、書類の大きさ、文書内容、それとも？――などと考えながら、午後をまるまるつぶしたりした。（Damasio 1994, p. 36, 邦訳八一頁）

エリオットは合理的な仕方で選択肢に優先順位を付けて意志決定を下すことができなくなってしまっている。結果として、彼は解雇され、事業に失敗し、結婚と離婚を繰り返す。それまでは周囲の人たちのロールモデルであったエリオットは、脳腫瘍とその摘出手術を経て、不合理な決定を繰り返す無責任な人物になってしまったのである。

エリオットの知的能力には問題がないようであった。様々な検査をした結果、エリオットの記憶、言語、計算、論理的推論などの能力にはまったく問題がなかったのである。

ダマシオによると、エリオットの問題は感情を持つ能力にあった。エリオットは脳の前頭葉に損傷を受けており、それにより感情を持つ能力が著しく衰えてしまっていた。エリオットの感情は平板なものとなり、自身の悲劇について話したり、あるいは普通であれば心をかき乱すような写真を見たりしても、感情的な反応を示すことができなくなったのである。

エリオットの問題は、感情のせいで理性的判断を下せなくなる、というものではない。その逆で、エリオットは感情の働きがないために、理性的判断を下せなくなってしまっているのである。すなわち、様々な選択肢を感情により価値づけることができないために、合理的に選択肢を絞り込み意志決定をすることができない、というのがその問題なのである。

†ソマティックマーカー仮説

ダマシオは感情の役割について「ソマティックマーカー仮説」というものを提示している（Damasio 1994, chap. 8）。「ソマティック（somatic）」とは、ギリシア語で「身体」を表す「ソーマ」という語に由来する語であり、「身体的」という意味である。

第3章で見たように、感情とは我々の身体の変容の知覚である。山道でヘビを見ると、我々の身体はこわばり、心臓がどきどきと鳴る。恐怖という感情は、そのような身体の変化を知覚し、それを通して、環境世界における危険へと備える働きである。

ダマシオによると、我々は目の前のヘビのような現実の状況だけでなく、仮に想像された状況に対しても感情を持つ。したがって、我々は意志決定の際に思い浮かべるシナリオに対しても、そのような身体の変容を感じ取る。すなわち、様々な選択肢に対して、我々は多かれ少なかれ身体反応の感覚(gut feeling)を持つのである。

重要なのは、そのような身体反応の感覚としての感情は意志決定におけるシナリオやサブシナリオのコストと利益の計算を始める前に、いわば直観的に感じられる、という点である。すなわち、意志決定の際、いくつかの選択肢についてはその吟味を始める前に却下され、いくつかの選択肢については、やはりその吟味を始める前に肯定的に評価されるのである。ソマティックマーカー仮説によると、このようにして感情は理性的吟味の際の選択肢を絞り込み、また特定の選択肢を際立たせることで、少数の選択肢のみを理性的吟味のために用意する、という役割を持つのである。

ソマティックマーカー仮説がおおむね正しいとして、そのことが意味するのは、感情がなければ理性も機能しない、ということである。エリオットのような人は、感情が機能しないために、無数の選択肢の前で立ち尽くし、結局は不合理で理性に反するように見える選択を繰り返してしまうのである。

ここから言えるのは、感情は道徳的思考において重要な役割を果たしているということである。我々は感情なしに様々な選択肢や状況について理性的吟味を開始することすらできない。合理的探求としての道徳的思考に感情は欠かせないのである。

なお、繰り返しになるが、このように考えることは、道徳的思考においてあらゆる感情に正当性を認める、ということではない。感情が適切かどうかという問いは常に吟味に対して開かれている。先に見た女性専用車両に対する男性の憤りのケースのように、理性的吟味はある種の感情が不適切だと指摘することができる。また、想像力の働きも重要である。我々は想像力を働かせることで、ある選択がもたらす状況の詳細を深く考察し、その感じられ方を変えたり（cf. Chappell 2014）、あるいはそれまで思い浮かんでいなかった選択肢を際立たせたりすることができる。合理的探求としての道徳的思考とは、感情、理性、想像力という我々の能力を総動員する探求なのである。

†発見と正当化

感情の役割についての以上のような議論に対しては、それは感情が適切な選択肢や判断を発見するのに役立つという話であって、感情がそれ自体で理由としての力を持つという話ではない、と反論されるかもしれない。感情は考慮されるべき選択肢を発見し、理性的吟味のための用意をする。しかし、それは感情がそれらの選択肢を正当化するということではない。正当化自体はあくまでも理性的吟味によりもたらされている。したがって、道徳的思考における感情の役割はせいぜい限定的なものであり、レイチェルズ父子のような主流の哲学者の描像に根本的な問題を突き付けるようなものではない。このように反論されるかもしれない。

この反論に対しては、「発見」と「正当化」をそれほどきっぱりと区別できるわけではない、と答えることができる。ダマシオのソマティックマーカー仮説によると、感情は理性的吟味のための選択肢を用意する。そして、そこで用意された選択肢は理性による吟味に開かれており、そのような吟味を無視して、感情が絶対確実な仕方で正しい判断へと我々を導くわけではない。例えば、女性専用車両に対する男性たちの憤りは、理性的吟味により不適切だと示すことができる。

感情に理由としての力、すなわち判断を正当化する力を認めることは、感情が誤ることなく正しい判断へと導くと考えることではない。感情に正当化の力を認めるとしても、我々は感情がときに誤った判断へと導くということを認めることができる。

問題は理性的吟味を行うとしても、常に理性が明確な結論を出せるとは限らない、という点にある。我々は常に道徳的判断を正当化する理性的論証を与えることができるとは限らない。また、そもそも重要な道徳的洞察がそのような論証の形で定式化できるという保証もない。

そのようなとき、理性によるバックアップがないというだけの理由で、感情の効力を否定するのは不合理であろう。そこにおいては感情は誤りうるかもしれないが、判断への理由を与えると認めてよいのである。この意味で、感情は単に選択肢の発見だけでなく、その正当化にも寄与しうるのである。

†『ハックルベリー・フィンの冒険』

具体的に考えてみよう。ここでは、マーク・トウェインの『ハックルベリー・フィンの冒険』に題材を求める。

舞台は一八三〇～四〇年代のアメリカ、ミシシッピ川流域である。南北戦争が一八六一年から六五年であり、リンカーンによる奴隷解放宣言が一八六三年なので、それ以前の物語である。少年、ハックルベリー・フィン（ハック）は、ミス・ワトソンとの窮屈な生活や、暴力をふるうアルコール中毒の父親から逃れ、ミシシッピ川の中にある小島へと逃げ込む。そこで、ハックはミス・ワトソンのところから逃げ出した黒人奴隷のジムに出会う。ジムはより南部の、より過酷な労働を強いられるプランテーションへと売られそうになり、ミス・ワトソンのところから逃亡したのである。

ハックとジムの二人はいかだを手に入れ、ミシシッピ川を下り始める。そして、二人は様々な出来事に出会う中で友情をはぐくむ。

やがていかだはオハイオ州のケイロに近づく。すると、ジムは自由が近づいてきたと興奮し始める。ハックやジムが暮らしていたミズーリ州は奴隷制を採用する奴隷州であったが、オハイオ州は奴隷制を容認しない自由州であり、逃亡奴隷はオハイオ州の地に降り立てば自由人になるとされていたのである。

興奮し、希望を語るジムとは逆に、ハックは良心の痛みを感じるようになる。当時のアメリカ南部では、逃亡奴隷を助けることは重大な罪だと考えられており、ハックもジムの逃亡を助けることでその所有者であるミス・ワトソンに重大な害を与えると思っていたのである。

そしてついにハックはジムのことを通報する決心をする。岸に見えた明かりを確かめてくるとジムには言い、ハックはいかだからカヌーで漕ぎ出す。ところが、岸に着く前にハックは鉄砲を持った白人二人組のボートに出会う。二人はそのあたりで逃亡した奴隷を追跡中であった。二人はいかだにいるのは白人か黒人か、とハックに尋ねる。ここでその白人たちにジムのことを通報すれば、ジムはただちに捕らえられハックの良心は満足するはずであった。しかし、葛藤の末にハックは通報せず、いかだにいるのは白人だと答え、ジムを逃がす。

†ハックの葛藤

さて、まず確認すべきは、このときのハックの葛藤は真剣なものだという点である。我々自身は奴隷制を明らかに不道徳だと考えており、ジムを逃がすことに良心の痛みを感じるという点が理解しにくいかもしれない。しかし、ハックはこの点を非常に真剣に受け止めている。逃亡奴隷を助けることはその所有者に害を与えることであり、道徳的に重大な罪を犯すことになる。このようにハックは判断しており、その点は物語の結末まで揺らがない。

ハックの葛藤の真剣さを確認したところで、その葛藤をどう理解すべきかを考えてみよう。このテーマについての古典的論文において、哲学者のジョナサン・ベネットはハックの葛藤を理性と感情の葛藤として特徴づけている（Bennett 1974, p. 127）。通報を命じるハックの「良心」は理性的論証を与える。例えば、自分がジムを逃がしたわけではない、というハックの言い訳に良心は、「けど、おまえはジムが自由になろうとして逃げてんのを知ってたじゃねえか、岸までカヌーで漕《こ》いでって通報することだってできたのに」（Twain 2001, p. 124. 邦訳（上）二七一頁）と反論する。これに対して、ジムを逃がしたいというハックの気持ちは論証を伴わない。ハックがカヌーで漕ぎだす場面を見てみよう。

ジムは大急ぎでカヌーの用意をしてくれた。自分の古い上着をカヌーの底に敷いておいらが座る場所を作ってから、オールを渡してくれた。漕ぎ出そうとしたとき、ジムが言った。

「あとちょっとで、わし、万歳《ばんざい》って叫ぶだよ。そんで、わし、言うだよ、これはぜんぶハックのおかげだ、って。わしは自由人になった、ハックのおかげがなけりゃ自由人にはなれんかった、ハックのおかげだ、って。ジムは一生忘れねえだよ、ハック。おめえさんはジムの一生でいちばんの友だちだ。おめえさんはいまのジムのたった一人っきりの友だちだ」

おいら、大急ぎでカヌーを出そうとしてた。ジムを通報するために。けど、ジムの言葉を聞いたら、なんか、すっかりその気が萎《な》えちまった。そのあと、のろのろ漕ぎ出しながら、カヌーを出したのがよかったのか、そうじゃねえのか、自分でよくわかんなくなった。五〇メートル近く進んだとこで、ジムが声かけてきた。

「行っといで、ハック、おめえさんはほんとの友だちだ、ジムとの約束を守ってくれるたった一人の白人だ」

おいら、吐きそうだった。けど、通報するしかねえ。こっから逃げ出すなんて、できねえ。（Twain 2001, p. 125, 邦訳（上）二七四―二七五頁）

この場面でハックは論証ではなく感情によって揺り動かされている。理性では通報すべきと判断しているのに、その判断に対して非常に強い感情的抵抗をハックは示すのである。

†感情の信頼性

ベネットの解釈に従って、さらに考えてみよう。ハックの葛藤が理性と感情の葛藤だとして、ここでの感情はどのような感情だろうか。ベネットはそれを同情心（sympathy）として特徴づけている。日本語で「同情心」と聞くと、少し距離のあるところから「かわいそうに」と憐れむ感情のように思われるかもしれないが、ベネットはそれを「あらゆる種類の同胞感情（fellow-feeling）」と広く捉えている（Bennett 1974, p. 124）。ハックの場合に即して言うと、それは友達であるジムの自由を求める気持ちを理解し、「何とかしてやりたい」と願う感情である。ハックはこのような意味での同情心からジムの通報を思いとどまったのである。

したがって、ハックの葛藤とは、奴隷制を支持する道徳観を基礎とする理性的判断と、ジムへの友情に基づく同情心の葛藤として特徴づけることができる。この葛藤の結果は正しい判断であり、ハックは間違った理性的判断を抑え込み、感情に従うことでジムを救うことができたのである。

しかし、ここで問題となるのは、同情心のような感情にどこまで理由としての力を認めるべきか、という点である。確かに同情心はハックを正しい行為へと導いた。しかし、同情心は常に有効なのだろうか。

この点に関して、ベネットは道徳原理を同情心によりチェックすることが有効だと示唆する（Bennett 1974, p. 132）。しかし、同情心は常に信頼できるわけではないだろう。この点はハックの葛藤にも見てとれる（Clarke 2020, p. 491, Schinkel 2011, pp. 515–516）。例えば、ハックは葛藤の際に、ジムの所有者であるミス・ワトソンに同情を示す（Twain 2001, p. 124, 邦訳（上）二七一―二七二頁）。もしもこのミス・ワトソンへの同情心に従っていたならば、ハックはジムを通報しただろう。同情心のような感情がそれ自体で理由としての力を持ちうるということを認めるとしても、道徳的思考における感情の役割についてはより繊細に考える必要がある。

†純粋な感情

もう一度確認しておこう。ハックが感情に従ってジムを通報しなかったのは適切であった。すなわち、ジムへの同情心に理由としての力を認めた点でハックは正しかった。これはここでの議論の出発点である。

問題は、なぜそう言えるのか、である。ハックはその同情心に従うべきではないと考える理由を持っている。ハックの観点から見れば、ジムを逃がすことはミス・ワトソンに重大な害を与える大きな罪である。この理性的判断を抑止する、理由としての力をなぜ同情心という感情に認めることが適切なのだろうか。

それは、ハックの感情が純粋であり、その根拠を覆すような理由が少なくともただちには見いだせないからである。すなわち、ハックのジムへの同情心は、ただただジムを助けてやりたいという気持ちからくるものであり、対立する理性的判断は別にして、その感情自体には不適切さを見いだせないのである。

この点でハックのジムへの同情心は、ミス・ワトソンへの同情心とは異なる。ミス・ワトソンへの同情心は、奴隷が主人の所有物であるという理論的前提に依拠している。したがって、もしもハックが人間を所有することは正当化されるのかという点について理性的吟味を行っていれば、ミス・ワトソンに同情する必要はないと判断できたはずである。

同様に、ハックのジムへの同情心は先に見た男性たちの女性専用車両への憤りとも異なる。憤りはその本性上、不当な害への反応であるが、女性専用車両への憤りについてはその根拠となる不当な害が存在しないと示すことができる。したがって、もしも男性たちがその点について理性的吟味に乗り出していたら、自分たちの憤りの感情の根拠を覆すことができたはずなのである。

物語の後半でハックは自身の感情の純粋さを吟味している。ケイロを見逃してしまい、さらに川を下ったハックとジムだが、途中で道連れになった「王様」と「公爵」という悪党二人組に裏切られ、ジムは捕らわれてしまう。そこでハックはミス・ワトソンに手紙を書いてジムのことを伝えるか葛藤する。ハックはジムを逃がすことは重大な罪で地獄行きだと思いつめる。それから、ハックはそれまでのジムとの旅のことを思い起こす。すると、ハックは「どこを思い出しても、なんでか、ジムのことを通報しちまおうって気になれることは一個も思いつかなかった。そうじゃねえことばっかし思い出した」（Twain 2001, p. 270. 邦訳（下）一六三―一六四頁）。そして、その結果、ハックは「いいや、おいら、地獄に行く」（Twain 2001, p. 271. 邦訳（下）一六四頁）と決意し、ジムを助けるべく行動を開始する。

ハックは生来の浮浪少年であり、その「地獄」という言葉にどれほど重たい意味合いを読み込むべきかは議論の余地もある（上田 二〇一八）。しかし、ハックはここでも真剣である。そして、この二度目の葛藤に際して、ハックはジムへの同情心を吟味し、それが純粋でゆがめられていないのを見いだす。その感情はジムへの友情に基づくものであるが、その友情自体を否定すべき理由をハックは——そして読者も——見いだすことができないのである。

†理由としての感情

ここでようやく発見と正当化の区別に関する論点に戻ってくることができる。「感情は考慮されるべき選択肢の発見には役立つとしても、その正当化は理性的吟味を待たねばならない」という立場に反対して、私は理性的吟味が結論を出せないときには、感情に正当化の力、理由としての力を認めることができる、と主張していたのだった。ハックの葛藤はこの私の主張を例示するものである。

ハックはその葛藤に際して、感情の判断が正当だと考える理性的論証を持っていない。それどころか、ハックは感情の判断と対立する論証を持っている。そして、物語の結末までハックは感情の判断を正当化する適切な論証を見いだすことができない（そして、おそらくそのためにトム・ソーヤーと合流すると、トムの言いなりになってジムの解放を遅らせるごっこ遊びに付き合ってしまう（Clarke 2020））。

しかし、そのような理性的論証を見いだすまで、感情に理由としての力を一切認めないというのは不合理であろう。少なくとも、感情自体にゆがみを見いだせないときには、そこに一定の正当性を認めることは適切だと言えるのである。

以上の分析はそこで扱った感情に対する私自身の理性的吟味の結論に依拠している。すなわち、私はハックのミス・ワトソンへの同情心や、先の男性たちの女性専用車両への憤りは十分に深く理性的に吟味すればその根拠を覆すことができるが、ハックのジムへの同情心はそうではない、と結論づけており、その結論に基づいて感情の理由としての力を分析している。

そして、もちろんここで問題になるのは、自分が十分に深く理性的に吟味しているかどうかを確信するのは難しい、という点にある。ひょっとしたら、私の理性的吟味はまだまだ浅く、女性専用車両は男性への逆差別だということを示す論証が存在するかもしれない。あるいは、自分が純粋だと考える感情も気づかないところでバイアスによってゆがめられているかもしれない。

これはその通りであり、もしもどのようなケースでも決定的な理性的論証を発見できるのであれば、感情の力に頼るのは不適切だということになるかもしれない。しかし、重要なのは、ハックにおいてもそうだったように、現実においてはいつでも決定的な理性的論証を発見できるわけではない、という点である。したがって、現実世界の有限な我々の道徳的思考を話題にする限り、理性的論証を待たずに感情に一定の理由としての力を認めることが必要となるのである。

†道徳的思考のスタイル

この章では道徳的思考における感情の役割について論じてきた。感情はしばしば理性と対比され、合理的探求としての道徳的思考とは相容れないものだと見なされる。しかし、この章で論じた描像によると、感情は道徳的思考の重要な要素である。道徳的思考はときに理性、想像力、そして感情という我々の能力を総動員することを要求するのである。

ところで、このような描像を受け入れたとき、道徳的思考を表現するスタイルはどのようなものであるべきか、という疑問が出てくる。もしも道徳的思考が狭い意味での理性の使用、すなわち論証の整合性の吟味に帰着するのであれば、学術的な論文調のスタイルがその理想だということになりそうである。すなわち、学者たちが論文において可能な限り明確に論証を定式化して提示するときのように思考するのが理想だと思われるのである。もちろん、そのような立場を受け入れたとしても、例えば上司のハラスメントに抗議する際に、論文を書いて提出すべきだと言う必要はない。しかし、そのような立場からすると、学術論文を書くときのように筋道を立てて思考し、そのハラスメントが間違いだと冷静に結論づけることが理想だと思われるのである。

これに対して、ここまで論じてきたような描像を受け入れ、狭い意味での理性だけでなく、想像力や感情も道徳的思考に関わると考えるのであれば、学術的スタイルが理想だと前提にするわけにはいかない。というのも、想像力や感情を働かせるのによいスタイルは他にもありそうだからである。次の章ではこの「スタイル」という点について考察していくこととする。

第6章

多様なスタイルで思考する

——槇原敬之の倫理学

†文学と倫理学

ロアルド・ダールの小説『マチルダは小さな大天才』の主人公、マチルダは天才児である。四歳にしてシャーロット・ブロンテやジェーン・オースティン、チャールズ・ディケンズにラドヤード・キプリングを読んでいる。他方、マチルダの家庭は恵まれているとは言えず、両親は今で言うところの「毒親《どくおや》」である。父親は人をだまして金儲けをすることばかり考えているし、母親はそんな父親と一緒になってマチルダを馬鹿にしている。そして、夕飯はテレビを見ながらインスタント食品やフィッシュ・アンド・チップスである。

ある晩、父親に理不尽な仕方で怒鳴られた後、マチルダは怒りを覚えつつ心の中で両親を批判する。

> いろいろな本を読んだおかげで、マチルダは、もう、親たちがこれまで一度も見たことのない人生の見方を身につけていた。パパやママだって、少しでもいいから、ディケンズやキップリングを読んだらいいのに。そうしたら、人生には、人をだました

りテレビを見たりするほかにも、いろんなすばらしいことがあることが、すぐわかるはずなのに。(Dahl 1988, pp. 22-23, 邦訳三八頁)

ここにあるのは、文学が世界の中の意味秩序を見て取ることを可能とする、という考えである。世界は意味に溢《あふ》れている。それは単に金儲けや娯楽の場であるだけでなく、冒険の場であり、挑戦の場であり、そして他者と心を通い合わせる場である。それを感知する能力——感受性——を磨くことは充実した人生、「よく生きること」にとって重要である。そして、そのような感受性の陶冶に文学は重要な仕方で貢献できる。ダールは五歳になるかならないかのマチルダにこのような考えを表現させている。

†非主流派の倫理学

これと同じ考えを哲学において論じるのが、コーラ・ダイアモンドやマーサ・ヌスバウムといった哲学者たちである。これらの哲学者たちは、道徳的思考において学術的なスタイルを理想とすることに批判を向け、道徳的思考がより多様なスタイルで行われるべきだと考える。

ここで過去の哲学者たちがどのように道徳的思考を表現してきたかを考えてみると、そこには非常に多様なスタイルが見いだされる。ソポクレスやアリストパネスといった古代ギリシアの詩人たちは、悲劇や喜劇を通して「いかに生きるべきか」を追求した。ソクラテスは著作を書かず、もっぱら対話を行うことで「いかに生きるべきか」を考え続け、プラトンはそのソクラテスが登場する「対話篇」という形式の著作を書いた。また、マルクス・アウレリウスやニーチェのようにアフォリズムという形式を用いた哲学者も存在する。

もちろん、特に近代以降、多くの哲学者たちは論文調のスタイルを採用している、ジョン・ロックの『統治二論』、カントの『道徳形而上学の基礎づけ』、J・S・ミルの「功利主義論」など、近代倫理学の古典を見ると、そこで採用されているのは通常の学術的な論文調のスタイルだと言うことができる。そしてその傾向は現代にいたるまで続いており、とりわけ英語圏の主流の哲学である「分析哲学」においては、学術的なスタイルで道徳的思考、倫理学的見解を表現するのがほとんど当然のこととなっている。

ダイアモンドやヌスバウムはこのような「主流の」傾向に異を唱える（Diamond 1983, Nussbaum 1990a）。これらの哲学者によると、学術的なスタイルは、道徳的思考における感情や個別事例の重要性を正当に扱うことができず、倫理学は文学などのジャンルと共同で探求されることで初めてその目的を達成することができるとされる。すなわち、文学などの多様なスタイルを道徳的思考、そして倫理学の重要な部分として認めることが必要だというのである。このような「非主流派」の哲学者たちのアイディアを見るために、ここではコーラ・ダイアモンドの功利主義批判を紹介しておこう。

†功利主義

まずは功利主義について簡単に見ておく。功利主義はジェレミー・ベンサム（一七四八―一八三二）、J・S・ミル（一八〇六―一八七三）、ヘンリー・シジウィック（一八三八―一九〇〇）といった近代イギリスの哲学者たちによって発展させられ、二〇世紀に入ってもR・M・ヘア（一九一九―二〇〇二）やピーター・シンガー（一九四六―）といった有力な哲学者たちに支持されている倫理学理論である。

功利主義は「最大多数の最大幸福」というフレーズにより特徴づけられるが、そこにある通り、関連する人々の幸福の総和を最大化するような行為や制度が道徳的に正しいものであると考える立場である。すなわち、ある行為や社会制度が正しいものであるのは、それによって影響を受ける人々の幸福を足し合わせて最大となるときだと功利主義は考えるのである。

功利主義は「利己主義」とは異なるという点には注意が必要である。利己主義とは、「自分自身の利益を最大化せよ」という原理に基づく立場であり、とにかく自分の利益を追求せよという自分勝手を推奨する主義である。

これに対して、功利主義は自分一人ではなく、関連する人々全員の幸福を考慮することを要求する。したがって、他者の幸福のために自分の幸福を犠牲にすることが要求されることもある。例えば、私が仕事帰りにスターバックスに寄るとしよう。まっすぐ帰宅してもいいのだが、コーヒーとケーキで一息いれようというのである。私は千円を払ってコーヒーとケーキを買い、スターバックスの席でキプリングの『キム』を読み、キム少年と一緒に一九世紀末のインドを冒険する。忙しい日常の中のちょっとした幸福である。

ところが、ここで功利主義者は「ちょっと待て」と言う(cf. Singer 1972)。スターバックスで千円を払ってコーヒーとケーキを買うという行為は「最大多数の最大幸福」をもたらす行為なのか。ユニセフのウェブサイトを開いてみよう。そこには寄付に関する情報が掲載されており、例えば二一六円の寄付で経口ポリオワクチン一〇回分と書かれている。したがって、私が千円をユニセフに寄付すれば、約五〇回分の経口ポリオワクチンを途上国の子どもたちに調達できるということになる。ポリオは後遺症として麻痺《まひ》症状が残ったり、ひどい場合には命の危険がある病気であるが、ワクチンにより子どもたちをそのようなリスクから守ることができるのである。

これに対してスターバックスでのひとときから得られる私の幸福は「ちょっとした」幸福でしかない。私はまっすぐ帰宅したとしてもそれにより大きな不幸を感じるわけではない。ましてや命の危険にさらされるわけでもない。

もちろん、厳密に考えるとユニセフに寄付したとしても、千円でただちに途上国の子どもたちのワクチン接種が可能となるわけではない。物資の輸送や現地でのスタッフの活動など、様々な事柄に支えられて初めてワクチンは途上国の子どもたちに届くのであり、寄付された千円はその一部に貢献するものでしかない。したがって、実際には幸福度の計算はもっと複雑になる。しかし、功利主義者の論点は明快である。私がスターバックスで得る「ちょっとした幸福」をはるかに上回る幸福に貢献する行為が他にあり、功利主義者によると私がスターバックスでコーヒーとケーキを買うのは道徳的に間違った行為なのである。

†ダイアモンドの思考実験

ダイアモンドの功利主義批判は、哲学ではよくある思考実験から始まる（Diamond 1990, p. 150）。船が沈み、二人の人が溺れている。私はボートに乗っており、そのうちの一人しか助けることができない。二人は離れたところにいて、どちらか一方にしかたどり着くことができないのだ。溺れている二人のうち一人は足が一本である。数年前に事故にあったのだ。もう一人の人は二本足である。二人についてそれ以上の情報はない。

功利主義に従うと、この状況では二本足の人を助けるべきであり、足が一本の人を助けるのは間違いである。というのも、二本足の人を助けるほうが最大多数の最大幸福につながるからである。だが、これはおかしな結論ではないだろうか。このようにダイアモンドは論じる。

ダイアモンドの考えを少し丁寧に見ていこう。ここでは「幸福」を「欲求の充足」として捉えるヴァージョンの功利主義を考える。すなわち、最大多数の最大幸福の原理とは、関連する人々の欲求——つまり、望んでいること——の充足の最大化を要求する原理であると考える。すると、溺れている二人のうちどちらを助けるべきかという問いは、どちらが今後の人生でより多くの欲求を充足することになりそうかという点に基づいて答えられるべきだ、ということになる。そして、二本足の人のほうがより多くの欲求を充足することができそうだということから、功利主義に従うと、二本足の人を助けるべきだという結論になりそうだ、というのである。

二点補足を。一点目。実際にどちらの人が多くの欲求を充足するかは、もちろんわからない。二本足の人が挫折続きの人生をおくるかもしれないし、足が一本の人が次々と自分の望みをかなえていく順調な人生をおくるかもしれない。しかし、功利主義的観点からすると、問題はどちらの見込みが高いのかという点にある。未来を確実に知ることができるわけではない以上、我々に要求されるのは「最大多数の最大幸福」を実際に実現する行為ではなく、その見込みが高い行為である。そして、現状の社会において障害者は困難に直面しがちであることと、溺れている二人について足の本数以外の違いを知らないということから、我々は二本足の人を助けるほうが、最大多数の最大幸福を実現する見込みが高いと判断するしかない、とされるのである。

この一点目の補足に関して、この段階で功利主義的な思考法に異を唱えることができるかもしれない。すなわち、功利主義的思考においては、障害者の生活の実態について十分に考察することなく、現状の社会では障害者は欲求を充足しづらいと前提し、そこから不当にも障害者の生活の価値が劣ると決めつけてしまっている、と論じることもできるかもしれない。

功利主義的思考へのこのような批判には、一定の妥当性があると私には思われる。日本やアメリカのような先進国の社会を考えたとしても、障害者が暮らしやすい社会を築くことができていると胸を張って言うことはできないだろう。しかし、だからと言って、哲学者であれ誰であれ、頭の中で障害者の生活の価値が低いかのような決めつけをすべきではない(荒井 二〇二〇参照)。ただ、いまはダイアモンドの議論を追いかけるために、この点についてはこれ以上踏み込まず、次の補足へと移ろう。

そこで、補足の二点目。現代においては実際の功利主義者は様々に洗練された理論を提示しており、単純に二本足の人を助けるべきだと結論づけられるとは限らない。いざというときに障害者が真っ先に切り捨てられるとわかっている社会は、障害者の人たちが安心して暮らせる社会ではないし、また障害者への差別や偏見を助長しかねない。したがって、長い目で見たときには、溺れている二人の人に最大多数の最大幸福の原理を直接適用しないほうが功利主義の観点からしても望ましい。例えば、このように論じられるかもしれない。

†功利主義と欲求の充足

補足の二点目についてはダイアモンド自身も気づいており、洗練された功利主義がその傷となる結論に対する手当てを提案しうる、ということを認める。しかし、ダイアモンドはそのような手当てが必要となる功利主義の発想にそもそもの問題があると論じる（Diamond 1990, pp. 152–153）。

ダイアモンドによると、功利主義の問題は欲求を持つ人ではなく、欲求自体に注目する点にある（Diamond 1990, pp. 153–154）。二本足の人と足が一本の人を比較する際、功利主義はそれぞれの人ではなく、どちらを助けたほうが充足される欲求がより多く存在することになるかに注目する。そして、そのために功利主義は奇妙な結論を引き出すことになってしまう。このようにダイアモンドは論じる。

功利主義を批判したうえで、ダイアモンドはそれに代わる倫理学理論を提示するわけではなく、文学へと向かう。ダイアモンドによると、功利主義の問題は人間存在について物語ることを回避している点にある。功利主義においては、人間は単なる欲求の受け皿でしかない。そこで問題となるのは、欲求の量の最大化であり、人間はその受け皿という以上の意味合いを与えられていない。しかし、溺れている人を助けることについて思考するような場面で必要なのは、人間とはどのような存在かを物語ることなのだ。このようにダイアモンドは論じ、ディケンズを取り上げる。

†ダイアモンドのディケンズ論

ディケンズの小説『我らが共通の友』の登場人物ローグ《悪党》・ライダーフッドは不愉快な人物である。仲間から金を盗むし、報奨金目当てに殺人の濡れ衣を元相棒に着せもする。あるとき、テムズ川上でライダーフッドの乗る手漕ぎボートが転覆し、溺れた彼は意識を失った状態で川沿いのパブ（酒場）――ライダーフッドはそこを出入り禁止になっている――に運び込まれる。医者が呼ばれ、人々は必死でライダーフッドの蘇生を試みる。

ダイアモンドは『我らが共通の友』から次の箇所を引用している（Diamond 1990, pp. 168–169）。

医者は息のない、びしょ濡れの体を調べた結果、蘇生への努力をする価値ありと見立てる。でもあまり希望の持てそうな様子でもない。ただちに、ありとあらゆる手だてがつくされる。居合わせたみんなが、進んで、熱心に手を貸してくれる。この男に爪の垢ほどでも好意を持ってるものなど一人もいない。この男は誰にとっても、会いたくないやつ、うさん臭いやつ、嫌らしい野郎だったのだ。しかし今この男の中に残っているかすかな生命《いのち》の火は、いま奇妙にも本人と切り離して考えられ、みんなはそれに深い関心を覚えている。おそらくは、その火がほかならぬ生命《いのち》そのものであり、そして彼らはいま現に生きていて、やがては死ぬ運命にあるからだ。（中略）

ライダーフッドよ、あんたが完全にあの世に行っちゃってるのでないのなら、いったいどこに隠れてるんだろうね？　我々がこんなに辛抱づよく、生き返らせようと骨を折ってるこのぐにゃりとした肉塊には、生きてるあんたのしるしはまったく見えない。もしあんたが永久にこの世を去ったのなら——あんたは悪党《ローグ》だが——そりゃきわめて厳粛なことだ、またこの世に戻って来ようとしてるのなら、それも劣らず厳粛なことなのだ。いやその場合には、幽冥生死の境という神秘を秘めているだけに——今あんたがどこにいるのかをも含めて——死そのものにもまさる厳粛な問題なのだ。それが、介抱している我々に、あんたを見ることもあんたから目を離すことも、同じよ

うに恐ろしいという気持ちを起こさせるのだ。（中略）

待てよ！　いまあの瞼がふるえはしなかったか？　息をひそめてじっと見守りながら、医者は自問する。

ちがう。

鼻孔がぴくりと動いたのでは？

ちがう
人工呼吸をやめてみて――胸にあてたこの手の下に、かすかにでも鼓動が感じられるだろうか？

だめだ。

なんども、そしてまたなんども、期待は裏切られる。だめだ。まただめだ。それでも繰り返しやってみるんだ、繰り返し。

見ろ！　生気が見えてきた！　明らかな蘇生の兆しだ！　この火花はくすぶって、消えるかもしれぬ、ぱっと大きく燃えあがるかもしれぬ、だが見たまえ！　四人の荒くれ男どもがそれを見て、涙を流しているじゃないか。この世のライダーフッドも、あの世のライダーフッドも、彼らの涙をしぼることはできない。だが幽冥の境にあってもがき続ける人間の生命《いのち》は容易にそれをやってのけるのだ。(Dickens 1907, pp. 420-421, 邦訳(中)三一九―三二二頁)

誰もがライダーフッドが悪党であり、不愉快な人物だと知っている。すなわち、ライダーフッドが蘇生したら世界の中の幸福の総量が減るということを誰もが理解している。しかし、それでもみんな必死に蘇生を試み、蘇生の兆しに涙を流す。

ダイアモンドによると、ディケンズが際立たせているのは、人間の共通の運命としての死という感覚が状況の捉え方に関わるという点である(Diamond 1990, pp. 169-170)。すなわち、我々人間は誰もが死へと運命づけられているという感覚が、人の生死を厳粛で神秘的なものとし、死をそれと戦うべきものとして認識させるという考えにディケンズは関わっているというのである。それは単に生命はそれ自体で価値あるものだ、というような話ではない。パブの人たちは、ライダーフッドを死すべき人間である仲間として見ており、そのような観点から状況に反応しているのである。

人間とはどのような存在なのかということを物語ることとセットでなければ、溺れる人を助ける、ということに関する道徳的思考を適切に行うことはできない。道徳的思考においては、我々がどういう存在なのかを物語ることが重要であり、それは主流派の倫理学――功利主義はその代表である――のやり方のみでは十分に達成されない。功利主義においては人間は欲求の受け皿でしかなく、人間存在自体に焦点が当てられない。しかし、必要なのは人間がどのような存在かを物語ることである。このような観点からダイアモンドは、文学が道徳的思考、そして倫理学的探求において重要な要素となると論じるのである。

思い出してほしいのだが、この章の主題は道徳的思考におけるスタイルである。非主流派の哲学者たちは、道徳的思考は文学のような多様なスタイルを取り込むべきだと論じる。ここまでダイアモンドの議論を例として、その論点を見てきた。ダイアモンドは文学が物語る人間の生活のありよう、そして存在のありようが我々の状況に対する感受性を形作る仕方に注目していた。

次にこのような非主流派の倫理学をさらに拡張し、文学だけでなく、ポピュラー音楽も倫理学的探求の構成要素となりうると論じよう。私が問題にするのは、状況への感受性ではなく、それと関係してはいるものの別の論点、すなわち、道徳的達成――道徳的観点から見て望ましい態度や感情の獲得――をどのように描くのか、という論点である。取り上げるのは槇原敬之《まきはらのりゆき》である。

†他者への非批評的な関わり方

槇原敬之の経歴を簡単に紹介しておこう。一九六九年大阪府生まれ。一九九〇年にシングル「NG」とアルバム『君が笑うとき君の胸が痛まないように』でデビュー、一九九一年には映画『就職戦線異状なし』の主題歌となった「どんなときも。」がミリオンセラーとなるなど、数々のヒット曲を発表する。一九九九年に覚せい剤取締法違反で逮捕され有罪判決。音楽活動の自粛を経て、二〇〇〇年に活動を再開。その後、二〇二〇年に再び覚せい剤取締法違反で逮捕され有罪判決を受けるものの、二〇二一年には活動を再開。シングル、アルバム、コンサートなどコンスタントに音楽活動を続けており、一九九〇年代以降のJ-POPを代表するポップミュージシャンの一人である。

槇原の音楽において表現されている道徳的達成として、ここでは具体的な曲を見ながら二点指摘したい。まず一点目は、他者への非批評的な関わり方である。槇原の曲においては、登場人物は、他人を非難したくなるような場面で、他人に判断を下したり、責めたりすることがない。例えば、一九九四年のヒット曲「SPY」（アルバム『PHARMACY』収録）を見てみよう。「SPY」では「僕」は恋人にデートをキャンセルされ、町を歩いているとその恋人を見かける。冗談半分にスパイ気取りで恋人の後をつけると、恋人が他の男とキスをしているところを見かけてしまう。この状況で当然のことながら、「僕」は動転し、狼狽する。そこで次のように歌われる（なお、槇原敬之の歌詞への言及はアルバム付属の歌詞カードによる）。

嘘をついてまでほしい
幸せが僕だったのかい？
涙が出てきた
今僕を笑うやつは
きっとケガをする

しかし、これに続けて「僕」は恋人を責める言葉を続けることはしない。上の箇所に続く曲の最後の部分は、以下のとおりである。

だけど　信じてる　信じてる

どうか信じさせて
両腕がじんと熱くなる位
抱きしめた強さ
君の身体に
アザのように残ればいい
そしていつか思い出して
嘘も見抜けない程
恋に落ちた
役立たずのスパイを

普通、恋人の浮気現場に出くわしたならば、恋人を責めたくなるだろう。しかし「僕」はそれをしない。それは決して感情を抑えるということではない。「僕」は動転した後で、恋人と別れる決意をし、なおかつ、それでも自分が恋をしていたこと、恋人とロマンチックですばらしい時間を持ったこと自体は嘘ではなかったと認めている。このような曲の進行の中で、当初の動転を乗り越え、過去を過去として受け入れるという道徳的達成が描かれていると認めることができるのである。

同様に、「くもりガラスの夏」（一九九二年、アルバム『君は僕の宝物』収録）は、洗濯しながら別れた恋人のことを思う歌であるが、ここでも自分を捨てたと推定される恋人のことを「僕」は責めることはしない。むしろ、「僕」は相手の言うなりで自分の考えや感情を伝えなかった恋人への関わり方を反省している。

また、別れの曲以外では、「君の自転車」（一九九六年、アルバム『UNDERWEAR』所収）を挙げることもできるだろう。この曲では、「僕」は喧嘩をして出て行ってしまった恋人に、その恋人の残した自転車で会いに行く。最初は喧嘩をしたということもあり、「僕」は釈然としない気持ちを抱えている。

確かに少し位なら
僕も悪いと認めるけど
何もあんなに怒ることないでしょ
今日は日曜日なのに

しかし、「僕」はサドルの低い恋人の自転車に乗るうちに、恋人の気持ちを理解し、素直な気持ちになる。曲の最後では次のように歌われる。

君の自転車に乗って
はじめて分かったよ
膝を少し曲げた世界で
僕を見上げてた気持ち
へそを曲げたら
手に負えなくなるけど
いざという時はやっぱり
君に頼りにされたい

君の自転車に乗って
君にすぐに会いに行こう
気持ちのサドルを少し下げて

ここでも恋人への最初の怒りが、恋人を責める気持ちには向かわず、「僕」は恋人のことを理解しようという方向に向かっている。

ここまで取り上げたいずれの曲においても、ストーリー性のある歌詞の中で当初の動転が克服され、他人を責めたくなるような状況で、誰かを責めるのではなく恋人や事態を受け入れるプロセスが描かれている。他者との関係において困難な状況が生じたときに非批評的な仕方で他者や状況を受け入れることは一つの道徳的達成であり、槇原の歌う恋愛ストーリーから我々はよき生き方の一つのあり方を学ぶことができるのである。

†仕返しと強がり

ここで「revenge」（一九九六年、アルバム『UNDERWEAR』収録）という曲はどうか、と反論されるかもしれない。この曲で「僕」は別れた恋人への「仕返し」を口にする。一番には次のような歌詞がある。

最後の日　君は忘れられるのが
一番辛いよって　言ってただろ？
だから僕は　君を忘れてやる
僕の中からすべてを消してやる

タバコもやめられたよ
キスだって今なら
口にしたキャンディと
同じあまい味だよ

こんなに長い間
君の言いつけを
必死に守ってた　何てばかなんだろう

確かにここには、別れた恋人への非難がましい態度が見られる。実際、「必死に守ってた何てばかなんだろう」という部分を、槇原はいつもの柔らかい歌い方とは違うとがった歌い方をする。そして、このような非難がましい態度は一見すると曲の最後まで続いているようにも見える。最後の部分は、次の通りである。

髪も瞳も　薄赤い頬も
小さな背中も　抱きしめる強さも
よく泣いたことも　わがままも嘘も
そしてあの笑顔も　全部忘れてやる

たとえもう君が別にそんなこと
どうでもよくても

この「全部忘れてやる」という言葉は、恋人への非難がましい態度がまだ継続しているかのように思わせる。しかしそのようにこの曲を理解するのは不適切である。ここでは二点指摘したい。

まず第一に、ここで「たとえもう君が別にそんなこと／どうでもよくても」とつけ加えられていることに注意してほしい。この段階では「僕」は自分の「仕返し」が実質的にも観念的にも恋人を傷つけるものとはならないだろうと予期している。すなわち、ここでの「仕返し」はもはや恋人を責め、罰しようという態度から来るものではなく、単なる「強がり」になっているのである。

そして第二に、「忘れてやる」とされる内容も、「わがまま」や「嘘」と並んで「笑顔」を含むようになっている点を見る必要がある。すなわち、「忘れてやる」という言葉とは裏腹に、「僕」は恋人の非難すべきところだけでなく、すばらしかったところ、そしてすばらしかった日々を思い出しており、実際には恋人との過去をそれとして受け入れ、前に向かおうとしているということを暗示している。この曲の中で「僕」はそのような前向きな態度を獲得するところまでは到達していないが、それでも非難がましい態度を克服し、前を向く方向へと格闘している「僕」のあり方を我々は聞くことができるのである。

†前向きの視点と後向きの視点の共存

槇原の音楽が描く道徳的達成の二点目に移ろう。それは「前向きの視点と後向きの視点の共存」とでも呼ぶべき姿勢である。先に槇原の曲において非批評的態度が描写されているると述べたとき、困難を克服し前を向く姿勢を槇原が描いているとした。このように言うと、槇原の音楽は「自分らしく前向きに生きよう」という陳腐で表層的なメッセージを歌う典型的ポピュラー音楽でしかないと思われるかもしれない。しかし、槇原の曲を丁寧に聴くならば、その前向きの視点は微妙な後向きの視点と共存しており、より複雑な精神的態度が歌われていることがわかる。

ヒット曲「もう恋なんてしない」(一九九二年シングル、アルバム『君は僕の宝物』収録)を例にとろう。この曲で「僕」は恋人と別れ、さびしさと戸惑いを感じている。一番では次のように歌われる。

さよならと言った君の
気持ちはわからないけど
いつもよりながめがいい
左に少し　とまどってるよ
もし君に　1つだけ

強がりを言えるのなら
もう恋なんてしないなんて
言わないよ　絶対

続けて、「僕」はさびしさを克服しようと、恋人との思い出に関わる物を捨て、過去に区切りをつける。曲の最後は以下の通りである。

本当に　本当に
君が大好きだったから
もう恋なんてしないなんて
言わないよ　絶対

このように「もう恋なんてしないなんて／言わないよ　絶対」というフレーズがこの曲では二度歌われる。最初、このフレーズは「強がり」という一種の動転の中から出てくるものである。しかし、曲の最後では同じフレーズが本当に恋人のことを好きだったという気持ちから出てくるものへと変化している。

この変化は一つの道徳的達成として理解できるが、その内実は簡単に「過去を克服し、前を向く」ということに尽きるわけではない。新しい恋へと向かおうとするとき、「僕」は過去を否定したり、忘れたりするわけではない。むしろ、「僕」は過去の恋人との時間がすばらしいものであり、充実したものであったということを認識している。そして、そのようなものとして過去は自分を後ろへと引き戻そうとする力を保持すらしている。曲の最後においても、「新しい恋をするよ」ではなく、「もう恋なんてしないなんて/言わないよ　絶対」と二重否定により歌われていることは、一種の「強がり」がこの段階でも働いていることを示唆している。「僕」は前を向こうとしているが、過去は単純な未来へのステップではなく、「僕」を前へと向かせようとする力でありながら、なおかつ、後ろへ引き戻す力でもあるのだ。

このような前向きの視点と後向きの視点の複雑な仕方での共存は、先に見た曲でも確認できる。例えば「SPY」においては、恋人との別れを決意した最後の段階になっても、その恋人とのすばらしい時間のことが「信じさせて」と歌われている。あるいは、「くもりガラスの夏」でも、終盤に次のように歌われる。

玄関先
僕の肩に手をおいて
靴をはく君が
　いとおしかった

　ここでもうまくいかなかった恋人との関係がただ反省されるだけではなく、そのような関係の中にあったすばらしい部分へと「僕」の視点は向けられている。これらの曲で描写されているのは、困難に陥った人間関係を、誰かを責めるのでもなく、否定するのでもなく、美化するのでもなく、かといって、単に前向きに克服するのでもない仕方で受け入れる精神的態度である。このような精神的態度を獲得することは一つの道徳的達成であり、まさに槇原の曲を通して適切に理解できるようなものなのである。

†導き手としての「僕」

　このように槇原の音楽は、一種の道徳的達成の描写として理解できる。先に分析したような槇原の曲では、ストーリー性のある歌詞により、人生において出会う困難を克服する道徳的達成が描かれているのである。

重要なのは、このような道徳的達成はまさに槇原の曲を聴くことを通してのみ理解されるという点である。ここまで行ってきたような要約的説明は、まさに「要約的」であり、槇原の曲で描写されている道徳的達成は槇原の曲を通してのみ理解される。例えば、「もう恋なんてしない」に描かれている精神的態度の獲得は、「前向きの視点と後向きの視点の共存」と要約するだけでは十分に理解することはできず、この曲で歌われているような恋人との関係を想像しながら、この曲を聴くことでのみ把握できるのである。

この意味で槇原の曲は通常の学術的なスタイルの哲学的著作と並んで道徳的に望ましい事柄についての一般的洞察を供給している。我々は槇原の曲を聴くことを通して、道徳的に望ましい生き方についてのモデルを与えられ、それを我々自身の道徳的向上のために役立てることができる。すなわち、我々は自分の人生の中で困難に出会ったときに、槇原の曲の「僕」を導き手として自分の困難に道徳的に適切な仕方で対処することができるのである。

†パフォーマンスとしてのポピュラー音楽

以上の議論に対するありうる反論を二つ検討しよう。まず、最初の反論として、ダイアモンドやヌスバウムが道徳的思考の重要な構成要素とする小説のような文学と違い、音楽はメロディーやリズムによる一種のイメージ操作を含んでおり、合理的探求としての道徳的思考の要素とはなりえない、と言われるかもしれない。すなわち、小説のような文学はあくまで語られた物語を通して我々の感情に訴えるものであるのに対して、ポピュラー音楽は歌詞の表現するメッセージを歌詞とは関わりのない音楽を通して無意識に刷り込むものであり、聞き手を操作しようとする点で合理的探求の一部とはならない、というのである。

この反論に対しては、それがポピュラー音楽に関する、「歌詞の表現するメッセージ」と「メッセージを伝える手段としての音楽」という不適切な二分法に基づいていると指摘することで、答えることができる。もしポピュラー音楽のメッセージは歌詞の内容が担っており、音楽はその内容を伝えるための乗り物に過ぎないと考えるならば、ポピュラー音楽は本来は純粋に言語的に伝えられるべきメッセージを音楽を通して刷り込もうとする問題含みの表現だと思われるだろう。しかし、ポピュラー音楽のメッセージが歌詞のみによって担われていると考えるのは間違いである。

ポピュラー音楽とは、まずもってパフォーマンスであり、どのような歌手がどのような音楽をどのような仕方で歌うのかということの全体が一つのメッセージとなっていると考えられるべきである。槇原の音楽に関して言えば、まずはその柔らかくどこかせっぱつまったような歌い方が重要である。激しく力強い歌い方ではなく、柔らかに歌うことで槇原の曲はそこに登場する「僕」が繊細な仕方で他者に応答しようとしているということを示唆する。例えば、尾崎豊の「Forget-me-not」の槇原によるカバー（二〇〇五年、『Listen To The Music 2』収録）を尾崎の原曲と聴き比べると、かなり違った印象を受けるはずである（槇原は柔らかい歌い方を意識的に選択していると思われる。例えば、アマチュア時代の楽曲である「HALF」（一九八五年。C.M.C名義。坂本龍一・矢野顕子プロデュース『demo tape 1』収録）や、「LOTUS IN THE DIRT」（二〇〇一年、『Home Sweet Home』収録）では、かなりとがった歌い方をしている）。

また、槇原敬之という歌手自身の持つ意味も重要である。自身の容姿、ジェンダー、覚醒剤による逮捕やその後、といった様々なイメージを背負った存在としてポピュラー音楽の歌手は登場する。実際、SMAPに提供され、槇原自身も歌っている「世界に一つだけの花」に関して、同じように「ナンバーワンではなくオンリーワン」と歌うとしても、SMAPと槇原とでは異なるメッセージが発信されていると考えられるであろう。この種の文脈と切り離された「歌詞自体のメッセージ」を問題とすることはポピュラー音楽に関しては無意味である。確かに、この章では槇原の歌詞を中心に分析を行ったが、槇原の音楽のメッセージはそのパフォーマンス全体を通してのみ十全に理解できるものであり、「歌詞のメッセージを音楽が刷り込む」というような批判は当たらないのである。

†範例

次に第二の反論として、槇原の音楽は特定の恋愛関係を歌うのみであり、それが我々自身の人生にどのような示唆を与えるのかはまったく不明確だと言われるかもしれない。すなわち、槇原の曲で道徳的達成が歌われているとしても、それは一般的洞察を与えるものではなくその重要性は低い、というのである。

この反論に対しては、それが道徳的思考がもたらす洞察という点についての狭すぎる描像に基づいている、と応答することができる。「道徳的思考に哲学者が携わる際、その仕事はあらゆる状況を道徳的に判定するための普遍的な一般的原理を定式化することであり、哲学者がいったんそのような原理にたどり着いたならば、後はその原理を適用することで適切な道徳的判断を下すことができるのでなければならない」と考えるならば、槇原の曲で歌われているような個別的な道徳的達成の描写は重要な成果と見なすことができないであろう。

しかし、道徳的思考がもたらす洞察についてのそのような見方には根拠がない。例えば、他者のある行為に対して、それが「正しい」「間違っている」と道徳的判断を下すとき、我々の理由は何らかの一般的原理である必要はない。我々の理由は、以前に下した判断(「それでは部長のひどいやり方と同じだ!」)、倫理的ロールモデル(「ネルソン・マンデラのように立派だ」)など多様でありうる。そして、この種の理由が学術的なスタイルで表現可能な一般的原理により定式化されうると考える理由もない。そうであるならば、槇原の曲で描かれているような個別の道徳的達成が我々の道徳的評価の理由になりうると考えてよいはずである。

実際、槇原の描く恋愛関係から、我々は恋愛以外の場面での他者との関わり方について何か示唆を得ることもできるはずである。すなわち、我々は自身が直面した道徳的葛藤の場面で、例えば槇原の曲に登場する「僕」ならどうするだろうか、と考えることで適切な道徳的判断を下すことができる。ここでの道徳的評価の理由とは、我々の評価を助ける範例であり、ポピュラー音楽の描く道徳的達成もそのような判断を助ける範例たりうるのである。

†道徳的思考とポピュラー音楽

ここまでポピュラー音楽が道徳的思考の実質的構成要素となりうることを槇原敬之の音楽の分析を通して示してきた。この結論はダイアモンドやヌスバウムらの非主流派の倫理学の流れに依拠するものであるが、重要な点でその拡張ともなっている。それは、ダイアモンドやヌスバウムが小説のような、芸術としての価値がすでに受け入れられているジャンルを取り上げているのに対し、ここではポピュラー音楽、とりわけその中でもロックやブルースなどのアカデミズム好みのジャンルではなく、J－POPという、ときに軽薄と見なされがちなジャンルを取り上げて、その意義を論じた点である。したがって、もしこの章の結論が正しければ、道徳的思考の構成要素はダイアモンドやヌスバウムらが描いているよりもさらに多様でありうるということになるだろう。

もちろん、このように言うことは、J-POPのすべての楽曲が、倫理や道徳に関する洞察を与えると言うことではない。当然のことながら、J-POPの楽曲の中には単に低劣であったり、道徳的に問題のあるメッセージを発するものもある。

また、私は、槇原敬之の音楽がすべての面において道徳的洞察を与えるとも主張していない。例えば、ラブソングの常として、特定の偏ったジェンダー像を強化するようなメッセージを先に引いたような曲から聞き取ることもできる。「君の自転車」を例にとるならば、感情的な女性と最終的な支柱となるべき男性というようなジェンダー像が一つの理想として描かれており、この種のメッセージは道徳的に不適切だと考えることもできるだろう。

槇原の音楽からどのような道徳的洞察を引き出し、それを我々自身の人生にどのように持ち込むのかは、結局のところ、我々自身がそれをどのような範例として利用するのか次第である。この意味で、道徳的思考、そしてそのもっとも体系的な形である倫理学は、人生の問題を機械的に片づけてくれる道徳的評価生成プログラムではないのである。

おわりに

†個人の倫理と公共の倫理

この本において私は道徳的思考における想像力や感情の重要性を強調してきた。もちろん、私は理性の働きもまた重要であるとしてきた。しかし、道徳的思考を頭のよい人々の知的論証ゲームではなく、様々な能力に関わるもっとごちゃごちゃした活動として描くことが私の目指したものであった。

ところで、想像力や感情の役割を強調する私の立場に対して、それが描いているのは個人の生き方の倫理であり、公共の倫理、道徳とは関わらないのではないか、という疑問があるかもしれない。ソクラテスの生き方や一ノ瀬の生き方を想像力を働かせて理解することで、我々はそれを一つの意味ある生き方として把握することができるようになる。すなわち、通常の意味のネットワークを前提としていた際には不合理で根拠薄弱と思われた彼らの生き方が一つの筋の通った生き方として理解可能となる。この本のここまでの議論は、そのような彼らの生き方の倫理を描いている。しかし、それは公共的にもそれらの生き方が正しい生き方だということを示すような議論ではない。このように疑問に思われるかもしれない。

この疑問に対しては、それが公共の倫理というものを狭く捉えすぎている、と答えることができる。確かに「公共の倫理、道徳についての思考において許されている手段は狭い意味での論証のみである」「なぜならば、想像力や感情に訴える論証は万人に理解可能とは限らないので、公共的にともに考えることの妨げになるからである」と言われたならば、それはもっともらしく聞こえるかもしれない。しかし、そのような「公共的にともに考えること」の捉え方は現実に反する。論証の吟味であっても、公共的に思考する際、我々はもっと多様な方法を用いているのである。

†『メノン』の数学認識論

例えば、論証の吟味の中でももっとも形式的なケースである数学的な証明の吟味について考えてみよう。プラトンの対話篇の一つ、『メノン』にはソクラテスと召使が幾何学の証明についてともに考える場面が描かれている（『メノン』82b―85b）。

　ソクラテスは対話相手のメノン――テッタリア人の青年貴族――の召使に、ある正方形の二倍の面積の正方形を求めるという課題を解かせる。いま一辺が二プゥスの正方形ABCDを考える（図2、「プゥス」は古代ギリシアの長さの単位で、約三〇センチ）。この正方形の面積は2×2=4で、四平方プゥスである。この正方形の二倍の面積、すなわち八平方プゥスの面積を持つ正方形とはどのような図形だろうか。

　ソクラテスの問いかけに応じて、最初その召使は一辺の長さが二倍、すなわち四プゥスの正方形だと答える。しかし、それでは4×4=16で、一六平方プゥスの面積を持つ正方形となってしまうとソクラテスは召使に気づかせる。次に召使は一辺が二プゥスの正方形と一辺が四プゥスの正方形の間をとって、一辺が三プゥスの正方形が求めている正方形だと答える。しかし、それもまた間違いであり、3×3=9で九平方プゥスの面積を持つ正方形となるということをソクラテスは指摘する。そして、ここにおいて召使は困惑してしまう。

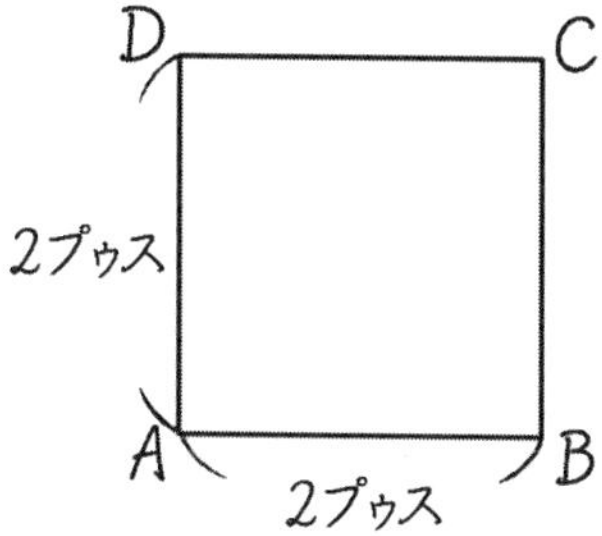

図2　正方形ABCD

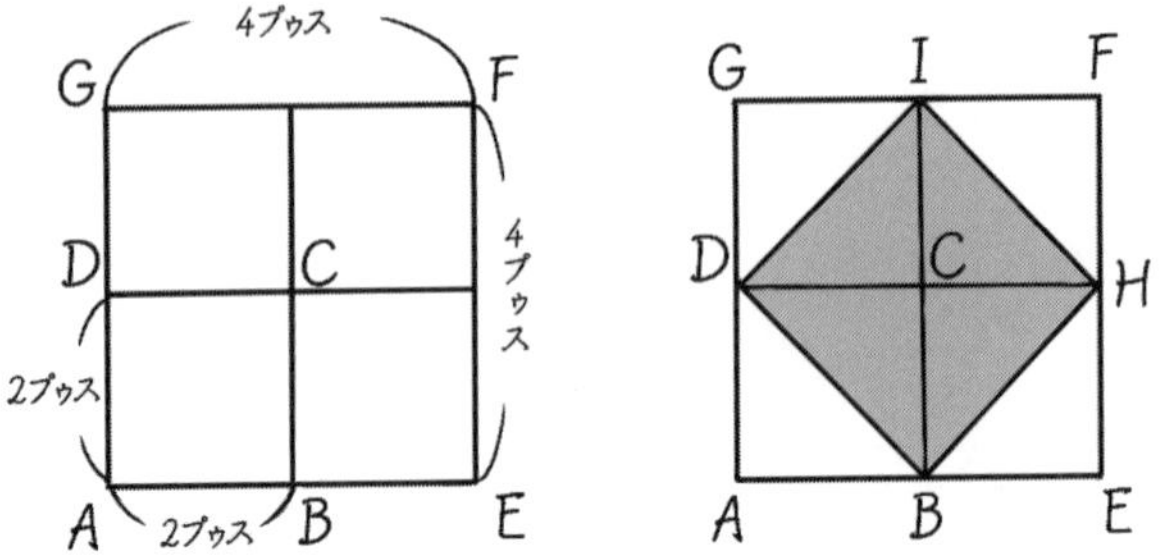

図３　２倍の面積の正方形を求める過程

ソクラテス　ではどのような線からできるのだろうか。正確に言ってみてくれたまえ。勘定したくないのなら、それがどのような線か、手で指し示すだけでもいいのだよ。

召使　いや、ゼウスに誓って、ソクラテス、私にはわかりません。（『メノン』84a）

ソクラテスの導きに従って、召使は自分が正方形ＡＢＣＤの二倍の面積を持つ正方形がどのようにして得られるのかを知らないということを自覚する。ここまでは通常の論証の吟味のプロセスである。ソクラテスと召使は一辺が四プゥスや三プゥスの正方形の面積がどのようになるかを確認し、それらが求める正方形ではないということを計算していく。そして、召使は自分の無知を自覚するわけである。

次にソクラテスは一辺が四プゥスの正方形AEFGを正方形ABCDにつけ加える形で描く（図3左）。この正方形AEFGは正方形ABCD四つ分の面積を持つ。

この段階でも召使はまだ求める解答がわからない。そこでソクラテスは、次に四つの正方形にそれぞれ一本ずつ対角線を引いていく（図3右）。そして、それによりできあがる三角形（BCD、BHC、CHI、CID）がそれぞれの正方形の半分の面積を持つという ことを召使に気づかせる。さらに、そこからそれらの対角線を一辺とする正方形DBHIが正方形AEFGの半分の面積、したがって、正方形ABCDの二倍の面積を持つ正方形となると召使が気づくよう促す。

さて、目下のポイントにとって重要なのは、このソクラテスと召使の問答において用いられている方法である。ソクラテスは召使に直接解答を教えることはせず、質問を重ねていくことで召使自身が答えに辿り着くよう促す。したがって、ソクラテスと召使は、ともに論証の吟味に携わっている。そして、そこでソクラテスが決定的に重要な方法として用いるのは、図形に対して補助線を引くことで図形を新しい秩序の下で見るよう促すというものである（cf. Beaney & Clark 2018）。すなわち、正方形AEFGを構成する四つの正方形に対角線を引くことで、それらの正方形のそれぞれを二つの三角形から構成されているものとして召使は見ることができるようになったのである。

†新しい意味の秩序に気づかせること

『メノン』の議論が例示しているのは、公共的な思考において論証の吟味を行う際に、新しい物の見方に気づかせるという方法があるということである。数学的証明のような、論証のみから成り立っているとイメージされる事柄においても、我々はともに探求に乗り出すとき、例えば補助線を引き、新しい図形の見方に気づかせるというような方法を用いる。したがって、公共的思考が狭い意味での論証のチェックに帰着するという捉え方は狭すぎるのである。

もちろん、『メノン』におけるソクラテスと召使の問答と、この本で扱ってきた道徳的思考の間には色々と違いもある。例えば、『メノン』では、ソクラテスが解答を知っており、無知である召使を導いている。これに対して、公共的な倫理的、道徳的探求においては、その参加者の誰かが正しい解答を持っているとは限らない。また、図形のような物の見方の焦点となるような視覚的対象があるとも限らない。

しかし、私の論点はそれらの違いには関わらない。私の論点は、公共的思考において、我々はごちゃごちゃと様々な能力を働かせつつ、新しい物の見方、意味の秩序を見て取るよう互いに促しあうことができるし、そうするのは決して不当なことではない、というものである。

実際、それは必要ですらある。ソクラテスや一ノ瀬においてそうだったように、既存の意味秩序、既存の言語ゲームが自身の考えを表現するのに適していないと思われることはある。そして、そのようなときに我々は「個人の生き方の問題」へと退却するのでないとしたら、想像力や感情に訴えることで異なる意味秩序、異なる言語ゲームを見るように呼びかけるほかないのである。

というわけで、公共的な道徳的思考においても我々は想像力や感情に訴えてよい。この本で私が論じてきたソクラテスや一ノ瀬の道徳的思考は、想像力や感情に訴えているとしても、単に個人の生き方の倫理を扱うものではなく、公共的な義務や権利を考察するものだったのである。

†道徳的思考のアルバム

結論に向かおう。この本で私は道徳的思考の様々な側面を扱ってきた。「はじめに」でも述べたように、私のアプローチはパッチワーク的であり、道徳的思考の本質について体系的に理論的説明を与えるようなものとはなっていない。それは道徳的思考が展開される様々な場面を取り出し記録したものであり、ウィトゲンシュタインの言葉を借りるなら、道徳的思考についての風景を切り取って並べた「アルバム」(Wittgenstein 2009, p.4) である。したがって、私が扱わなかった道徳的思考の側面もまだまだあるだろう(とりわけ、プロパガンダ的思考をはじめとするそのダークサイドについてはまったく触れていないことに注意してほしい)。

しかし、私としてはこの本を通して道徳的観点から物事を考えるということがどのようなことかについて、一つのイメージを提示することができたと考えている。それは、理性だけでなく、想像力や感情といった我々の能力を総動員するごちゃごちゃした活動なのである。

読書案内

本書の内容に関連する話題についてさらに何か読んでみたいという人のために、日本語の文献を章ごとに分けていくつか紹介しておこう。

はじめに

倫理学の入門書はたくさん出版されているので、本屋さんや図書館などで手に取って、興味を持てそうなものを選ぶとよいだろう。ここでは伊勢田哲治『動物からの倫理学入門』(名古屋大学出版会、二〇〇八年)とジェームズ・レイチェルズ&スチュワート・レイチェルズ『新版　現実をみつめる道徳哲学――安楽死、中絶、フェミニズム、ケア』(次田憲和訳、晃洋書房、二〇一七年)の二冊を挙げておく。どちらも(主流の)分析哲学的なアプローチに基づく質の高い入門書である。伊勢田の本は動物倫理を主題としつつ、倫理学の理論を幅広く紹介する本である。レイチェルズ父子の本は、生命倫理の話題なども引きつつ、倫理学の理論を紹介している。父親のジェームズが単独で書いた本を息子のスチュワートが改訂したもの。なお、改訂前のジェームズによる単著も翻訳されている（ジェームズ・レイチェルズ『現実をみつめる道徳哲学――安楽死からフェミニズムまで』古牧徳生・次田憲和訳、晃洋書房、二〇〇三年）。

第1章

和合秀典の議論は「高速道路通行料は払いません。」（『払いません。』所収、三五館、二〇〇六年、一〇―二九頁）で読むことができる。キング牧師の著作としては、マーチン・ルーサー・キング『黒人はなぜ待てないか』（中島和子・古川博巳訳、みすず書房、新装版、一九九三年）を薦める。キングの知性と強い意志に心を動かされるはずである。他に、モンゴメリーでのバス・ボイコット運動のきっかけを作ったローザ・パークスの自伝『黒人の誇り・人間の誇り』（高橋朋子訳、サイマル出版会、一九九二年）もお薦めしたい。

市民的不服従については様々な議論があるが、日本語で読めるものとしてはウィリアム・E・ショイアマン『市民的不服従』（森達也監訳、井上弘貴・藤井達夫・秋田真吾訳、人文書院、二〇二二年）と寺島俊穂『市民的不服従』（風行社、二〇〇四年）が参考になる。前者は哲学的観点から市民的不服従の議論を紹介する最新の入門書である。後者は日本の事例も扱っている。差別問題はもっぱら外国の話だと勘違いしないためにも、日本の事例も見てほしい。なお、キングの議論はどちらにおいても検討されている。

第2章

プラトンの『ソクラテスの弁明』や『クリトン』には複数の翻訳がある。この本では講談社学術文庫版を用いたが、手に入ったもので読むとよいだろう。どちらも西洋哲学を代表する古典である。

ソクラテス裁判についてはT・C・ブリックハウス、N・D・スミス『裁かれたソクラテス』（米澤茂・三嶋輝夫訳、東海大学出版会、一九九四年）を読むとよい。『ソクラテスの弁明』を中心に、ソクラテス裁判について詳細な解釈を展開している。

第3章

想像力を哲学的に論じた文献は色々とある。本書での私の立場に近いものとしては、マーク・ジョンソン『心のなかの身体――想像力へのパラダイム転換』（菅野盾樹・中村雅之訳、紀伊國屋書店、一九九一年）がある。認知言語学やカントの想像力（構想力）論を参照しつつ、想像力の重要性を哲学的に論じている。カント哲学の全体を想像力をキーワードに読み解く試みとしては、永守伸年『カント　未成熟な人間のための思想――想像力の哲学』（慶應義塾大学出版会、二〇一九年）が興味深い。ただし、著者の博士論文をもとにした研究書であり、いきなり読むとやや難解かもしれない。他に、ケンダル・ウォルトン『フィクションとは何か――ごっこ遊びと芸術』（田村均訳、名古屋大学出版会、二〇一六年）には、美学の文脈での想像力の役割についての考察が含まれており興味深い。想像力について考えるときの基本図書である。

前期ウィトゲンシュタイン哲学の主著は『論理哲学論考』である。翻訳は複数出版されている。手に入ったもので読むといいと思うが、私のお薦めは岩波文庫の野矢茂樹訳（二〇〇三年）である。水準の高い哲学的理解に基づく読みやすい訳である。入門書としては、手前味噌ではあるが大谷弘『入門講義　ウィトゲンシュタイン『論理哲学論考』』（筑摩選書、二〇二二年）を読んでほしい。最新の研究成果を引きつつ、踏み込んだ議論も行っている入門書である。

後期ウィトゲンシュタインの主著は『哲学探究』である。最新の鬼界彰夫訳（講談社、二〇二〇年）が信頼できる。解説書としては、これまた手前味噌だが、大谷弘『ウィトゲンシュタイン　明確化の哲学』（青土社、二〇二〇年）を挙げておく。一般読者に向けて、後期ウィトゲンシュタイン哲学のエッセンスを解説している。

第4章

動物倫理の入門書はたくさん出版されているので、いくつか読み比べるとよいだろう。ここでは先にも挙げた伊勢田哲治『動物からの倫理学入門』をお薦めしておく。少し古いかもしれないが、議論が丁寧でわかりやすい。最新の議論状況を知るためには、井上太一『動物倫理の最前線――批判的動物研究とは何か』（人文書院、二〇二二年）を読むとよい。

また、ピーター・シンガーの『動物の解放　改訂版』（戸田清訳、人文書院、二〇一一年）は功利主義的観点から動物の解放を主張したこの分野の古典的著作である。他に様々な論者の論考を集めたキャス・R・サンスティン、マーサ・C・ヌスバウム編『動物の権利』（安部圭介・山本龍彦・大林啓吾監訳、尚学社、二〇一三年）も参考になる。特に動物を同胞として見ることの重要性を論じたコーラ・ダイアモンドの「肉食と人食」は私の論点とも重なる。

一ノ瀬正樹の動物倫理論は『死の所有――死刑・殺人・動物利用に向きあう哲学　増補新装版』（東京大学出版会、二〇一九年）の第七章にある。一ノ瀬のジョン・ロック解釈は一ノ瀬正樹『人格知識論の生成――ジョン・ロックの瞬間』（東京大学出版会、一九九七年）で読むことができる。ロック解釈自体にそれほど興味がない人でも、哲学書としておもしろく読むことができるだろう。また、『因果・動物・所有――一ノ瀬哲学をめぐる対話』（宮園健吾・大谷弘・乘立雄輝編、武蔵野大学出版会、二〇二〇年）は、一ノ瀬の哲学について日本の哲学者たちが様々に論じた論文集である。浅野幸治による一ノ瀬の動物倫理論に関する論文も収められている。浅野は私よりも一ノ瀬の立場に批判的である。

ダイアモンドの「現実の難しさ」については、コーラ・ダイアモンド「現実のむずかしさと哲学のむずかしさ」（コーラ・ダイアモンド、スタンリー・カヴェル、ジョン・マクダウェル、イアン・ハッキング、ケアリー・ウルフ『〈動物のいのち〉と哲学』所収、中川雄一訳、春秋社、二〇一〇年、七七―一三一頁）で議論されている。

第5章

感情の哲学については、まず源河亨『感情の哲学入門講義』（慶應義塾大学出版会、二〇二一年）を読むとよいだろう。非常にわかりやすく感情にかかわる哲学的論点へと読者をガイドしてくれる。やや難易度は上がるが、ジェシー・プリンツ『はらわたが煮えくりかえる——情動の身体知覚説』（源河亨訳、勁草書房、二〇一六年）も参考になる。感情を身体の反応の知覚として位置づける理論を展開した感情の哲学の基本文献である。

ヌスバウムの感情論は、マーサ・ヌスバウム『感情と法——現代アメリカ社会の政治的リベラリズム』（河野哲也監訳、河野哲也・木原弘行・石田京子・齋藤瞳・宮原優・花形恵梨子・圓増文訳、慶應義塾大学出版会、二〇一〇年）で読むことができる。法の場面における感情の役割を論じた本であるが、その前提となる感情についての哲学的分析も含まれている。

ダマシオのソマティック・マーカー仮説については、アントニオ・R・ダマシオ『デカルトの誤り——情動、理性、人間の脳』（田中三彦訳、ちくま学芸文庫、二〇一〇年）や『感じる脳——情動と感情の脳科学 よみがえるスピノザ』（田中三彦訳、ダイヤモンド社、二〇〇五年）を参照してほしい。感情についての神経科学の知見をわかりやすく紹介してくれている。

マーク・トウェインの『ハックルベリー・フィンの冒険』には複数の翻訳がある。本文で引いたのは、光文社古典新訳文庫の土屋京子訳（上・下、二〇一四年）である。

第6章

功利主義についてより詳しく知りたい人は、児玉聡『功利主義入門――はじめての倫理学』（ちくま新書、二〇一二年）やカタジナ・デ・ラザリ＝ラデク、ピーター・シンガー『功利主義とは何か』（森村進・森村たまき訳、岩波書店、二〇一八年）などを読むとよい。どちらも功利主義者自身によるわかりやすい入門書である。なお、デ・ラザリ＝ラデクとシンガーは、功利主義が人間を快苦や欲求の器として見る立場にコミットする必要はないと論じている（同書、一〇〇―一〇一頁）。

状況への感受性という論点は、アイリス・マードックやジョン・マクダウェルといった哲学者たちの議論と関係している。これらの哲学者は道徳的思考の核が一般的原理の適用ではなく、適切な仕方で状況に注意を払うことに存すると考えている。マードックの議論については『善の至高性――プラトニズムの視点から』（菅豊彦・小林信行訳、九州大学出版会、一九九二年）を、マクダウェルの議論については「徳と理性」（荻原理訳、『徳と理性――マクダウェル倫理学論文集』大庭健編・監訳、勁草書房、二〇一六年、一―四二頁）をそれそれ見てほしい。
私とはやや異なる観点からではあるが、文学作品を取り上げつつ英語圏の哲学、倫理学を論じた諸論考を収めた本に勢力尚雅・古田徹也編著『英米哲学の挑戦——文学と懐疑』（放送大学教育振興会、二〇二三年）がある。マードックの議論の紹介もある。

おわりに

本文では個人の生き方の倫理にやや冷淡な論述となったが、私もそのような倫理が重要性を欠くとか意味をなさないとかと考えているわけではない。個人の生き方の倫理について考えてみたい人には、手がかりとしてピーター・ウィンチ『倫理と行為』（奥雅博・松本洋之訳、勁草書房、一九八七年）の第八章と第九章をお薦めする。

プラトンの『メノン』は「徳」を主題とする対話編である。翻訳は複数存在する。本文中に引いた図形の認識をめぐる議論は、学習を一種の想起として説明する「想起説」を論じた箇所の一部である。

新しい物の見方を見て取るよう促すというタイプの思考の重要性を論じる私の議論の背景には、後期ウィトゲンシュタインのアスペクト論がある。先に引いた『哲学探究』の第二部やルートウィヒ・ウィトゲンシュタイン『ラスト・ライティングス』(古田徹也訳、講談社、二〇一六年)などに関連する議論がある。解説的な議論としては山田圭一「見ることの日常性と非日常性――アスペクト論の展開と誤解と新たな展開可能性」『現代思想二〇二二年一月臨時増刊号　総特集=ウィトゲンシュタイン――『論理哲学論考』100年』(青土社、二〇二一年、第四九巻一六号、一八六―一九八頁)などが参考になる。

あとがき

本書は私がこれまで様々な機会に考え、発表してきた考察を中心に道徳的思考について論じたものである。新書としてまとめるにあたって大幅に加筆修正しているが、それぞれの章の来歴を説明しておきたい。

「なぜ法律に従うべきなのか」をめぐる第1章と第2章の議論は、以前の勤務先である武蔵野大学での「基礎セルフディベロップメント科目」という授業で扱っていたものである。この科目は、大学一年生に哲学、文学、社会学、数理学といった文理七つの学問分野を週二コマずつオムニバス形式で授業したうえで、最後に学生たちにグループ発表をしてもらう、という意欲的な科目であった。教員は三週ずつ七つの異なるクラスを周っていくので、私は一年間に七回、和合とキングについて論じ、『クリトン』を熟読するという生活を数年間続けることとなった。学部横断型の科目であり、受講生は哲学を専門としない学生たちであったが、ときに鋭い質問や議論を提示し、私に考えを深める機会を与えてくれた。当時の学生たちには感謝したい。

なお、第2章の『クリトン』についての議論は論文の形にまとめて発表している。

Hiroshi Ohtani (2022). Personal and objective ethics: How to read the *Crito*. *Philosophy* 97 (1), pp. 91-114.

より専門的な議論を見たいという方はこちらも参照していただければ幸いである。オープンアクセスなので、インターネット上から無料で入手可能である。

第3章は書き下ろしである。

第4章はもともと論文として発表したものである。

大谷弘「動物たちの叫びに応答すること——一ノ瀬倫理学の方法論について」『因果・動物・所有——一ノ瀬哲学をめぐる対話』宮園健吾・大谷弘・乗立雄輝編著、武蔵野大学出版会、二〇二〇年、二八三—三一〇頁。

この第4章は一ノ瀬正樹先生の動物倫理論を論じたものであるが、一ノ瀬先生は、現在、東京大学名誉教授および武蔵野大学教授である。私にとっては学部、大学院と指導を受けた指導教員であり、また武蔵野大学に勤めていたころには一年間だけ同僚でもあった。

ようするに、お世話になり続けている「恩師」なのである。研究者にとって恩師との関係には様々な形があるだろうが、私としては中立的な議論を心掛けたつもりである。ただ、知らず知らずのうちに影響を受けていたりもするので要注意であり、その点では私の一ノ瀬哲学論も注意深く吟味しつつ読んでいただけると幸いである。

なお、一ノ瀬先生は動物倫理だけでなく、認識論、形而上学、死刑存廃論、原発問題など様々な領域について考察を発表し、また学会会長や日本発の国際学術誌の編集長を務めるなど、日本の哲学シーンの中心に位置するわけであるが、私はそのすべての活動や主張を全面的に支持しているわけではない。独立した研究者であれば敬愛する恩師にも批判的でありうるというのは、当たり前のことかもしれないが、念のため申し添えておく。

第5章は書き下ろしである。

第6章の内容は論文として以下に掲載された。

大谷弘「槇原敬之の倫理学――倫理学的探求としてのポピュラー音楽」『フィルカル』第一巻第二号、二〇一六年、一四二―一六三頁。

ただし、こちらの論文においては「道徳的思考のスタイル論」ではなく、「倫理学のスタイル論」として議論を展開している。また、本書に組み込むにあたって大幅な加筆修正を行っている。

本書の草稿に対しては、仲田洋子、宮園健吾、渡辺一樹の三氏から非常に有益なコメントをいただいた。深く感謝するところである。

また、二〇二三年度前期——「Sセメスター」と呼ばれていた——に東京大学文学部・大学院人文社会系研究科において、本書の内容に関する講義を行う機会を得た。講義の計画段階では「最終確認」というくらいのつもりであったのだが、受講者の皆さんとの議論の中で非常に鋭いコメントをもらった結果、いくつかの章に関しては大幅な書き換えを行った。特に第5章の理性と感情の関係についての議論において『ハックルベリー・フィンの冒険』を取り上げたことについては、受講者の千葉汐音さんから示唆を与えられたことを記しておきたい。他にも様々に刺激的な議論の機会を与えてもらったことについて、受講者の皆さんに感謝申し上げたい。

筑摩書房の田所健太郎さんには、新書を書かないかと声をかけていただき、本書が形になるにあたって、様々に尽力していただいた。私は新書を書くということがどういうことか、いまひとつつかめなかったのだが、田所さんに導かれて何とかゴールまでたどり着くことができた。深く感謝するところである。

妻の杏子は「はじめに」を読んで一般読者の立場からコメントをしてくれた。また、妻は私が新書を書くというアイディアを喜び、応援してくれた。私は最初、新書ということでゆるくふわっとイメージをつないでいくようなものを書くべきかと迷っていたのだが、妻に「ゆるふわは他の人に任せて、しっかりと議論をすべきだ」と言われたことで、そのような方向を目指すことになった。妻の期待に応えられるほどしっかりと議論ができたかはわからないが、その励ましへの感謝を記しておく。

また、いつも気にかけてくれている両親と、常に理性、感情、想像力をフル活動させることを要求してくる二人の息子たちへの感謝も記しておきたい。

二〇二三年七月

大谷　弘

ルベリー・フィンの冒険（上・下）』土屋京子訳、光文社古典新訳文庫、2014 年）。

Wasmuth, Ellisif (2020). Why Socrates' legs didn't run off to Megara: Moral deliberation in Plato's *Crito*. *Phronesis* 65, pp. 380–412.

Wittgenstein, Ludwig (2009). *Philosophical Investigations*. Fourth edition. P. M. S. Hacker & J. Schulte (eds.), Oxford: Wiley-Blackwell（『哲学探究』鬼界彰夫訳、講談社、2020 年）。

【図版出典】

写真 2　バージニア大学ホームページより。https://philosophy.virginia.edu/cora-diamond

写真 4　Sally Ryan 撮影。https://commons.wikimedia.org/wiki/File:Martha_Nussbaum_2010.jpg

沢令夫訳、岩波文庫、1994 年)。

Plato (2017). *Plato: Euthyphro, Apology, Crito, Phaedo.* Chris Emlyn-Jones & William Preddy (eds.). Cambridge, Massachusetts: Harvard University Press (『ソクラテスの弁明・クリトン』三嶋輝夫・田中享英訳、講談社学術文庫、1998 年)。

Rachels, James & Stuart Rachels (2023). *The Elements of Moral Philosophy.* Tenth edition. New York: McGraw-Hill. (『新版　現実をみつめる道徳哲学――安楽死・中絶・フェミニズム・ケア』次田憲和訳、晃洋書房、2017 年〔原著第 8 版の翻訳〕)。

Recanati, François (1989). The pragmatics of what is said. *Mind and Language* 4 (4), pp. 295–329.

Rosch, E., & C. B. Mervis (1975). Family resemblances: Studies in the internal structure of categories. *Cognitive Psychology* 7 (4), pp. 573–605.

Scanlon, T. M. (1998). *What We Owe to Each Other.* Cambridge, Massachusetts & London: Harvard University Press.

Scheuerman, William E. (2018). *Civil Disobedience.* Cambridge: Polity Press (『市民的不服従』森達也監訳、井上弘貴・藤井達夫・秋田真吾訳、人文書院、2022 年)。

Schinkel, Anders (2011). Huck Finn, moral language and moral education. *Journal of Philosophy of Education* 45 (3), pp. 511–525.

Singer, Peter (1972). Famine, affluence, and morality. *Philosophy and Public Affairs* 1 (3), pp. 229–243 (「飢えと豊かさと道徳」井保和也訳、『飢えと豊かさと道徳』児玉聡監訳、勁草書房、2018 年、1–30 頁)。

Singer, Peter (2011a). *Practical Ethics.* 3rd edition. Cambridge: Cambridge University Press (『実践の倫理〔新版〕』山内友三郎・塚崎智監訳、長岡成夫・塩出彰・樫則章・村上弥生訳、昭和堂、1999 年〔原著第 2 版の翻訳〕)。

Singer, Peter (2011b). *The Expanding Circle: Ethics, Evolution, and Moral Progress.* Princeton & Oxford: Princeton University Press.

Twain, Mark (2001). *Adventures of Huckleberry Finn.* Berkeley & Los Angeles, California: University of California Press (『ハック

Korsgaard, Christine M. (2013). Kantian ethics, animals, and the law. *Oxford Journal of Legal Studies* 33 (4), pp. 629–648.
Kraut, Richard (1984). *Socrates and the State*. Princeton, New Jersey: Princeton University Press.
Locke, John (1975). *An Essay Concerning Human Understanding*. Peter H. Nidditch (ed.), Oxford: Oxford University Press (『人間知性論（全四巻)』、大槻春彦訳、岩波文庫、1972–1977 年)。
Malcolm, Norman (1984). *Ludwig Wittgenstein: A Memoir*. Second edition. Oxford: Clarendon Press (『ウィトゲンシュタイン――天才哲学者の思い出』板坂元訳、平凡社ライブラリー、1998 年)。
Nussbaum, Martha (1990a). Introduction: Form and content, philosophy and literature. In Martha Nussbaum, *Love's Knowledge: Essays on Philosophy and Literature* (pp. 3–53). Oxford: Oxford University Press.
Nussbaum, Martha (1990b). Perceptive equilibrium: Literary theory and ethical theory. In Martha Nussbaum, *Love's Knowledge: Essays on Philosophy and Literature* (pp. 168–194). Oxford: Oxford University Press.
Nussbaum, Martha (2004). *Hiding from Humanity: Disgust, Shame, and the Law*. Princeton & Oxford: Princeton University Press (『感情と法――現代アメリカ社会の政治的リベラリズム』河野哲也監訳、河野哲也・木原弘行・石田京子・齋藤瞳・宮原優・花形恵梨子・圓増文訳、慶應義塾大学出版会、2010 年)。
Osborne, Catherine (2006). Socrates in the Platonic dialogues. *Philosophical Investigations* 29 (1), pp. 1–21.
Panagiotou, Spiro (1987). Justified disobedience in the *Crito*?. In Spiro Panagiotou (ed.), *Justice, Law and Method in Plato and Aristotle* (pp. 35–50). Edmonton, Alberta: Academic Printing and Publishing.
Peacocke, Christopher (1985). Imagination, experience, and possibility: A Berkeleian view defended. In John Foster & Howard Robinson (eds.), *Essays on Berkeley: A Tercentennial Celebration* (pp. 19–35). Oxford: Clarendon Press.
Plato (1924). *Plato II: Laches, Protagoras, Meno, Euthydemus*. W. R. M. Lamb (trans.) London: William Heinemann (『メノン』藤

philosophy is. *New Literary History* 15. Reprinted in Cora Diamond (1991). *The Realistic Spirit: Wittgenstein, Philosophy, and the Mind* (pp. 367-381). Cambridge, Massachusetts: The MIT Press.

Diamond, Cora (1990). How many legs?. In Raimond Gaita (ed.), *Value and Understanding: Essays for Peter Winch* (pp. 149-178). London: Routledge.

Diamond, Cora (1991). Missing the adventure: Reply to Martha Nussbaum. In Cora Diamond, *The Realistic Spirit: Wittgenstein, Philosophy, and the Mind* (pp. 309-318). Cambridge, Massachusetts: The MIT Press.

Diamond, Cora (2003). The difficulty of reality and the difficulty of philosophy. *Partial Answers* Vol. 1 (2). Reprinted in S. Cavell, C. Diamond, J. McDowell, I. Hacking and C. Wolfe (2008). *Philosophy and Animal Life* (pp. 43-89). New York: Columbia University Press (「現実のむずかしさと哲学のむずかしさ」、コーラ・ダイアモンド、スタンリー・カヴェル、ジョン・マクダウェル、イアン・ハッキング、ケアリー・ウルフ『〈動物のいのち〉と哲学』中川雄一訳、春秋社、2010年、79-131頁)。

Dickens, Charles (1907). *Our Mutual Friend*. Introduction by G. K. Chesterton. London: J. M. Dent & Sons (『我らが共通の友(上・中・下)』間二郎訳、ちくま文庫、1997年)。

Francione, Gary (2000). *Introduction to Animal Rights: Your Child or the Dog?* Philadelphia: Temple University Press (『動物の権利入門――わが子を救うか、犬を救うか』井上太一訳、緑風出版、2018年)。

Haidt, Jonathan (2001). The emotional dog and its rational tail: A social intuitionist approach to moral judgment. *Psychological Review* 108 (4), pp. 814-834.

Johnson, Mark (2014). *Morality for Humans: Ethical Understanding from the Perspective of Cognitive Science*. Chicago & London: The University of Chicago Press.

King, Jr., Martin Luther (2000). *Why We Can't Wait*. With an Afterword by Reverend Jesse L. Jackson, Sr. New York: Berkley (『黒人はなぜ待てないか』中島和子・古川博巳訳、みすず書房、新装版、1993年)。

losophy Guidebook to Plato and the Trial of Socrates. New York: Routledge.

Brink, David, O. (2014). Principles and intuitions in ethics: Historical and contemporary perspectives. *Ethics* 124 (4), pp. 665–694.

Chappell, Sophie Grace (2014). *Knowing What to Do: Imagination, Virtue, and Platonism in Ethics.* Oxford: Oxford University Press.

Clarke, Steve (2020). Huckleberry Finn's conscience: Reckoning with the evasion, *The Journal of Ethics* 24 (4), pp. 485–508.

Dahl, Roald (1988). *Matilda.* New York: Penguin Books (Puffin Modern Classics)（『マチルダは小さな大天才』宮下嶺夫訳、評論社、2005年）。

Damasio, Antonio R. (1994). *Descartes' Error: Emotion, Reason, and the Human Brain.* New York: Quill（『デカルトの誤り――情動、理性、人間の脳』田中三彦訳、ちくま学芸文庫、2010年）。

Damasio, Antonio R. (2003). *Looking for Spinoza: Joy, Sorrow, and the Feeling Brain.* New York: Harcourt（『感じる脳――情動と感情の脳科学 よみがえるスピノザ』田中三彦訳、ダイヤモンド社、2005年）。

DeGrazia, David (2006). On the question of personhood beyond *Homo Sapiens.* In Peter Singer (ed.), *In Defense of Animals: The Second Wave* (pp. 40–53). Oxford: Blackwell.

Diamond, Cora (1978). Eating meat and eating people. *Philosophy* 53. Reprinted in Cora Diamond (1991). *The Realistic Spirit: Wittgenstein, Philosophy, and the Mind* (pp. 319–334). Cambridge, Massachusetts: The MIT Press（「肉食と人食」横大道聡訳、『動物の権利』キャス・R・サンスティン＆マーサ・C・ヌスバウム編、安部圭介・山本龍彦・大林啓吾監訳、尚学社、2013年、125–147頁）。

Diamond, Cora (1981). Experimenting on animals: A problem in ethics. In D. Sperlinger (ed.), *Animals in Research: New Perspectives in Animal Experimentation,* Chichester: John Wiley. Reprinted in Cora Diamond (1991). *The Realistic Spirit: Wittgenstein, Philosophy, and the Mind* (pp. 335–365). Cambridge, Massachusetts: The MIT Press.

Diamond, Cora (1983). Having a rough story about what moral

上田修（2018）.「『ハックルベリー・フィンの冒険』31章――“All right, then, I'll *go* to hell” におけるハックの葛藤について(1)」『福岡女学院大学紀要・人文学部編』第28号、61-82頁。

大谷弘（2020）.『ウィトゲンシュタイン　明確化の哲学』青土社。

ケイン樹里安・上原健太郎（2019）.「100年前の社会学にふれる」、ケイン樹里安・上原健太郎編『ふれる社会学』北樹出版、129-136頁。

源河亨（2021）.『感情の哲学入門講義』慶應義塾大学出版会。

児玉聡（2020）.『実践・倫理学――現代の問題を考えるために』勁草書房。

寺島俊穂（2004）.『市民的不服従』風行社。

納富信留（2003）.「ソクラテスの不知――「無知の知」を退けて」『思想』2003年4月号、37-57頁。

納富信留（2017）.『哲学の誕生――ソクラテスとは何者か』ちくま学芸文庫。

和合秀典（2006）.「高速道路通行料は払いません。」『払いません。』三五館、10-29頁。


【欧文文献】

Allen, R. E. (1980). *Socrates and Legal Obligation.* Minneapolis: University of Minnesota Press.
Barsalou, Lawrence W. (1999). Perceptual symbol systems. *Behavioral and Brain Sciences* 22, pp. 577-660.
Beany, Michael & Bob Clark (2018). Seeing-as and mathematical creativity. B. Harrington, D. Shaw & M. Beaney (eds.), *Aspect Perception after Wittgenstein: Seeing-As and Novelty* (pp. 131-151). New York & London: Routledge.
Bennett, Jonathan (1974). The conscience of Huckleberry Finn. *Philosophy* 49 (188), pp. 123-134.
Bostock, David (1990). The interpretation of Plato's *Crito. Phronesis* 35 (1), pp. 1-20.
Brickhouse, Thomas C. & Nicholas D. Smith (1989). *Socrates on Trial.* Oxford: Oxford University Press（『裁かれたソクラテス』米澤茂・三嶋輝夫訳、東海大学出版会、1994年）。
Brickhouse, Thomas C. & Nicholas D. Smith (2004). *Routledge Phi-*

参考文献

邦訳が存在する欧文文献については、特に断りがない限りは、文献表記載の邦訳を用いている。プラトンの著作は、次の表記を用いて言及している。『弁明』(『ソクラテスの弁明』)、『クリトン』、『メノン』。

【邦語文献】

荒井裕樹 (2020).『車椅子の横に立つ人 ── 障害から見つめる「生きにくさ」』青土社。

伊勢田哲治 (2008).『動物からの倫理学入門』名古屋大学出版会。

伊勢田哲治 (2013).「特別だと思っているヒトはたくさんいるけれど」、野矢茂樹編著『子どもの難問 ── 哲学者の先生、教えてください!』中央公論新社、52-54 頁。

一ノ瀬正樹 (1997).『人格知識論の生成 ── ジョン・ロックの瞬間』東京大学出版会。

一ノ瀬正樹 (2013).「人間は特別だけれど、どんな動物も同じく特別」、野矢茂樹編著『子どもの難問』中央公論新社、49-51 頁。

一ノ瀬正樹 (2015a).「「ハチ」そして「犬との暮らし」をめぐる哲学的断章」、一ノ瀬正樹・正木春彦編『東大ハチ公物語 ── 上野博士とハチ、そして人と犬のつながり』東京大学出版会、25-55 頁。

一ノ瀬正樹 (2015b).「断章　いのちは切なし ── 人と動物のはざま」『哲学雑誌』130 巻 802 号、46-74 頁。

一ノ瀬正樹 (2019).『死の所有 ── 死刑・殺人・動物利用に向き合う哲学　増補新装版』東京大学出版会。

井上太一 (2022).『動物倫理の最前線 ── 批判的動物研究とは何か』人文書院。

入江俊夫 (2013).「C・ダイアモンドの「道徳的思考」とエウチュプロン問題に寄せて ── ウィトゲンシュタインの「概念形成論」の射程」、仲正昌樹編『「倫理」における「主体」の問題』御茶の水書房、101-122 頁。

本文イラスト＝てばさき

ちくま新書
1753

道徳的《どうとくてき》に考《かんが》えるとはどういうことか

二〇二三年一〇月一〇日　第一刷発行

著　者　大谷弘（おおたに・ひろし）
発行者　喜入冬子
発行所　株式会社 筑摩書房
東京都台東区蔵前二-五-三　郵便番号一一一-八七五五
電話番号〇三-五六八七-二六〇一（代表）
装幀者　間村俊一
印刷・製本　株式会社 精興社

ISBN978-4-480-07586-4 C0212

ちくま新書

020
ウィトゲンシュタイン入門
永井均
天才哲学者が生涯を賭けて問いつづけた「語りえないもの」とは何か。写像・文法・言語ゲームと展開する特異な思想に迫り、哲学することの妙技と魅力を伝える。

1634
悪い言語哲学入門
和泉悠
「あんたバカぁ?」「だって女/男の子だもん」。私たちが何気なく使う言葉のどこに問題があるのか? その善悪の根拠を問い、言葉の公共性を取り戻す。

1409
不道徳的倫理学講義
——人生にとって運とは何か
古田徹也
私たちの人生を大きく左右するにもかかわらず、倫理学では無視されがちな「運」をめぐる是非。それらの議論を古代から現代までたどり、人間の生の在り方を探る。

944
分析哲学講義
青山拓央
現代哲学の全領域に浸透した「分析哲学」。言語のはたらきの分析を通じて世界の仕組みを解き明かすその手法は切れ味抜群だ。哲学史上の優れた議論を素材に説く!

964
科学哲学講義
森田邦久
科学的知識の確実性が問われている今こそ、科学の正しさを支えるものは何かを、根源から問い直さねばならない! 気鋭の若手研究者による科学哲学入門書の決定版。

1751
問いを問う
——哲学入門講義
入不二基義
哲学とは、問いの意味そのものを問いなおし、自ら視点の転換をくり返す思考の技法だ。四つの根本的問題を素材に、自分の頭で深く、粘り強く考えるやり方を示す。

1700
つながりの哲学的思考
——自分の頭で考えるためのレッスン
米山優
「自分の頭で考える」ことはなぜ大切で、なぜ難しいのか。〈つながり〉という視点から人間の思考をとらえなおすことで、哲学することの本当の意味を考える。

ちくま新書

1742
創造性はどこからやってくるか
――天然表現の世界
郡司ペギオ幸夫
考えもしなかったアイデアを思いつく。急に何かが降りてくる――。そのとき人間の中で何が起こっているのか。まだ見ぬ世界の〈外部〉を召喚するためのレッスン。

832
わかりやすいはわかりにくい？
――臨床哲学講座
鷲田清一
人はなぜわかりやすい論理に流され、思い通りにゆかず苛立つのか――常識とは異なる角度から哲学的に物事を見る方法をレッスンし、自らの言葉で考える力を養う。

482
哲学マップ
貫成人
難解かつ広大な「哲学」の世界に踏み込むにはどうしても地図が必要だ。各思想のエッセンスと思想間のつながりを押さえて古今東西の思索を鮮やかに一望する。

545
哲学思考トレーニング
伊勢田哲治
哲学って素人には役立たず？　否、そこは使える知のツールの宝庫。屁理屈や権威にだまされず、筋の通った思考を自分の頭で一段ずつ積み上げてゆく技法を完全伝授！

1060
哲学入門
戸田山和久
言葉の意味とは何か。私たちは自由意志をもつのか。人生に意味はあるか……こうした哲学の中心問題を科学が明らかにした世界像の中で考え抜く、常識破りの入門書。

1165
プラグマティズム入門
伊藤邦武
これからの世界を動かす思想として、いま最も注目されるプラグマティズム。アメリカにおけるその誕生から最新の研究動向まで、全貌を明らかにする入門書決定版。

967
功利主義入門
――はじめての倫理学
児玉聡
「よりよい生き方のために常識やルールをきちんと考えなおす」技術としての倫理学において「功利主義」は最有力のツールである。自分で考える人のための入門書。